武道文化としての空手道

武術・武士道の伝統とスポーツ化を考える

日本空手協会会長
草原克豪

芙蓉書房出版

はじめに

空手は日本の武道として、国内はもとより広く海外にも普及し、世界各地で数多くの愛好家が熱心に稽古に励んでいる。東京オリンピックの競技種目にも採用されることになった。

しかし、空手は沖縄発祥でもあり、またいろいろな流派が存在することもあって、その実態については、必ずしも世の中に理解されているとはいえない。沖縄で誕生した空手がいつどのようにして本土に伝わってきたのか、それがどのようにして日本の武道になったのか。こうした問いに答えられる人もそう多くはないだろう。

空手が日本の武道になったと述べたが、そもそも日本の武道とは何か。武道とスポーツはどう違うのか。これも何となくわかっているようで、いざ言葉で説明するとなるとそう簡単なことではない。他方で、今日の武道は競技スポーツと化してしまって、勝敗を競い合うあまり、かつての武道精神が失われてしまったという声も聞かれる。これらの問題についてはどう考えたらよいのだろうか。

こうした問題について自分で勉強してみようと思っても、武道の技法を解説した本は沢山あるが、その歴史的・文化的な背景や、精神的な側面まで含めてわかりやすく説明したものはほとんど見当たらないのである。そういう本があってもよいのではないか。というより、そういう本が必要なのではないか。そのような思いに駆られて、浅学非才を顧みずに取り組んでみたのが本書である。

本書では、はじめに、沖縄発祥の空手がどのようにして日本の武道へと発展してきたのか、その歴史を振り返ってみることにした。そこに登場するのが「近代空手道の父」といわれる船越義珍であるが、空手が日本の武道へと発展する過程においては柔道の嘉納治五郎が重要な役割を果たしていたことにも注目した。そのうえで、第3章では、武道とは何かということを改めて考えてみることにした。そこでは、武道とはかつての武術から発展したものであり、武道という言葉も、明治末期以降に登場した新しい概念であることを明らかにした。

武道について考える際には、スポーツとの関係についても触れないわけにはいかない。なぜなら、武道は武術をスポーツ化したものという一面をもつからである。そこで、第4章以下では、武道がスポーツからどのような影響を受けてきたのか、その歴史を振り返ってみた。その中で、空手道のスポーツ化の過程についても詳しくみてきた。

武道がスポーツと大きく異なるのは、武術や武士道の伝統に由来していることである。そうであるからには、武術とは何か、武士道とは何か、ということも考えてみる必要がある。そこで第7章では、武術の歴史と伝統について、さらに第8章では、武士道とは何かということについて、その歴史的な変遷を振り返りながら考えてみることにした。そこから明らかになったのは、武術の極意は「戦わずして勝つ」ことであり、武士道の究極の理想は「平和」であるということである。

一方、現代においては、競技スポーツ化の傾向が強まる中で、武道の理想と現実の間の調和をどう図るかということが、新しい課題となってきている。そうした現状を踏まえたうえで、最終章においては、日本の武道文化としての空手道のあり方について、筆者なりの考え方を述べてみた。

このように、本書は空手道の歴史を辿るところから出発したものではあるが、扱った内容は空手道に限定されない。広く「武技をもとにして心身を鍛える運動文化」としての武道について、その歴史的・文化的な背景を明らかにし、それを踏まえながら現代における武道のあり方を考えてみようと試みたものである。

したがって本書は、空手に関心をもつ人たちはもとより、それ以外にも広く武道、あるいはその基盤となっている武術や武士道の伝統について考えてみたいという人たちの関心にも、ある程度は応えられるものになっている。本書が日本の武道文化の伝統に関心を持つ人たちにとって少しでもお役に立てるならば、筆者としてそれに勝る喜びはない。

二〇一九（令和元）年十月

草原　克豪

武道文化としての空手道　目次

第8章 武士道の理想は「平和」だった 147

第1章

空手はどのようにして沖縄から本土に伝わったのか

沖縄唐手を本土に紹介した船越義珍

空手は沖縄発祥の武道である。沖縄には中国から伝来した拳法をもとに発展した「手」と呼ばれる琉球拳法があった。それが日本本土に伝わり、日本の武道として普及・発展してきた。

本土に伝わったのは今から百年近く前の一九二二（大正一一）年のこと。この年に文部省主催の第一回運動体育展覧会が東京で開催され、沖縄尚武会会長を務めていた船越義珍《ふなこしぎちん》（一八六八～一九五七、戦前は富名腰義珍）が沖縄県学務課の要請を受けて上京し、空手の紹介をしたのである。ただし、当時はまだ「空手」ではなく、「唐手《からて》」と称していた。

ところで、この運動体育展覧会とは一体どういうものだったのか。なぜそのような展覧会が開催されることになったのか。

当時の日本は、日露戦争に勝利して近代国家として発展を遂げ、第一次世界大戦を経て世界の大国の仲間入りを果たしたばかりで、国内では大正デモクラシーと呼ばれる時代を迎えていた。そうした中で、西洋から伝来した近代スポーツが大学などを通じて社会に広がりはじめていた。しかし武家政権が長く続いた日本には、貴族階級がスポーツを楽しんだ西欧諸国とは違って、身体運動といえば柔道や剣道や相撲ぐらいしかなかった。明治になって体操が学校教育に取り入れられたものの、運動をゲームとして楽しんだり、勝敗を競い合ったり、それを通じて健全な心身の発達を図ったりする文化は育っていなかった。

その一方で、日清・日露の戦争を経験して、青少年の心身を鍛えることの重要性が強く認識されるようになった時代でもあった。折から、フランスのピエール・ド・クーベルタン男爵の要請を受けてオリンピックへの参加準備が進められ、柔道の創始者である嘉納治五郎《かのうじごろう》（一八六〇～一九三八）を会長とする大日本体育協会が創設された。そして一九一二（明治四五）年の第五回ストックホルム大会に初めて参加し、さらに第一次世界大戦を挟んで一九二〇（大正九）年のアントワープ大会を経験したところであった。

こうした時期を迎えて、文部省としても国民の間にスポーツに対する理解を深め、身体を鍛える風潮を養う必要があると考えて、各種の展示、実演、講演などを通じて体育・スポーツの魅力を国民に伝えようとしたのである。

ちなみに、スポーツという言葉は、当時はまだ一般的に使われる言葉ではなかった。西洋伝来のスポーツは、「体育」の中に含まれたり、あるいは武道と一緒に「運動」という括《くく》り方をされたりしていた。しかし体育や運動という名称では、身体活動を通じた快楽や、本人の努力と緊張を要するゲームといったスポーツの特質を的確に表現することはできない。そのため、各種のスポーツ競技が普及するに伴い、英語の「スポーツ」という言葉がそのまま日本語として使われるようになっていった。ただし、それが定着するのは一九二〇年代の後半以降、つまり昭和期に入ってからである。

ともあれ、こうして第一回運動体育展覧会が一九二二（大正一一）年に湯島聖堂構内の東京博物館（現在の国立科学博物館）で開催され、四月三〇日から一か月間にわたる会期中に一七万人近い入場者を数えた。では、そこで沖縄唐手を紹介した船越義珍とはどういう人物だったのだろうか。

船越の恩師─安里安恒と糸洲安恒

船越義珍は一八六八（明治元）年、琉球藩主に仕えた下級士族の長男として首里の山川村で生まれた。父の船越義枢《よしつぐ》は士族としての誇りが高い人で、明治維新で士族階級がそれまでの特権を失った後も、伝統的な価値観を持ち続けていた。

そうした環境の中で、義珍は士族の子として育てられ、小学校の頃から祖父に四書五経の素読など漢学を教わる一方、父から棒術を学び、さらに、友人の父親である安里安恒《あさとあんこう》（一八二七〜一九〇三、一八二八〜一九〇六との説もある）から唐手の手ほどきを受けていた。

安里安恒は首里と那覇の中間にある安里村（現在の那覇市安里）を治める名家の生まれで、拳聖といわれた松村宗棍《まつむらそうこん》（一八〇九〜一八九九）に師事して首里手《しゅりて》と呼ばれる首里士族の間で伝承された唐手を学ぶ一方で、学問の奥義も極め、琉球王国最後の王となった尚泰《しょうたい》のそばに仕える文武両道の達人であった。

安里は弟子をとって教えることをしなかったので、義珍が唯一の弟子であった。こうして義珍は、毎夜、提灯をぶらさげて先生の家に通った。稽古は庭先で行ったが、その間、安里は袴を着用して濡れ縁に正座したままで、じっと義珍から眼を放さず、同じ形《かた》を何か月も何年も「よし」というまで反復させられたという。

船越が生まれ育った明治初期の沖縄においては、唐手はごく一部の士族と呼ばれていた支配階級の間で私的に伝授されていただけであった。後に日清戦争を経て、唐手が青少年の心身の鍛錬に大きな効果があることが注目され、学校体育としての効用が認められることになるが、それは義珍が二〇代後半になってからである。

安里安恒に師事した義珍は、安里とも親密な間柄にあって同じ松村宗棍の門下生でもある糸《いと》洲《す》安恒《あんこう》（一八三一～一九一五）にも教えを受けるようになった。安里と糸洲は対照的な体形で、安里は身が軽く、繰り出す技が素早かったのに対し、糸洲は頑強な体格をもち、力強い突き手として知られていた。

義珍は若い頃、将来は医者として身を立てることを志して勉学に励み、医学校にも合格した。ところが、医学校の入学条件の中には、明治政府の方針で、断髪、すなわち士族の伝統である髷《まげ》を切らなければならないという項目が含まれていた。そのため、義珍の父は医学校への入学を許してくれなかった。

船越義珍
（日本空手協会提供）

当時の沖縄は、後に述べるように、それまでは琉球王国として薩摩藩の支配下に置かれていたが、一八七二（明治五）年に琉球藩として明治政府の支配下に置かれ、一八七九（明治一二）年には琉球藩が廃止されて沖縄県となっていた。こうした流れの中で、県内では、旧宗主国の清国と組んで琉球王国の復旧を目指す保守的な頑固党と、明治政府の近代化政策を受け入れる進歩的な開化党とが対立しており、義珍の父は、多くの士族がそうであったように頑固党に属していた。そのため、せっかく医学校に合格したのに、どうしても義珍の断髪を許してくれなかったのである。

結局、義珍は父の意見には逆らうことができず、医者になることを断念し、教員の道を選ぶことにした。そして沖縄師範学校の速成科に入学し、一年間の課程を終えて検定を受け、準訓導の資格を得た後、小学校の教壇に立つことになった。だが、教員になっても、やはり髷は切らなければならないことに変わりがなかった。そこでやむなく断髪し、新しい詰襟の制服を着て赴任の挨拶のために実家に帰ったところ、父親から「士族のくせにそのザマはなんだ！」と烈火のごとく怒られたという。

それから時は流れて一九二〇年代に入った頃、安里安恒も糸洲安恒もすでにこの世を去り、船越義珍は五〇歳を過ぎたところで、三〇有余年にわたる教員生活に終止符を打った。そして沖縄尚武会会長として唐手の諸流派のまとめ役を務める一方で、沖縄県師範学校の唐手術嘱託として生徒に唐手を指導するようになっていた。

早くから唐手に注目していた嘉納治五郎

船越義珍が紹介するまで、沖縄の唐手が日本本土にまったく知られていなかったわけではない。それ以前から唐手に関心を持ち、理解を示した人たちもいた。中でも講道館柔道を創始した嘉納治五郎は、早くから唐手に注目していた。

沖縄では、日清戦争後、唐手が青少年の心身の鍛錬に効果があるとしてその価値が見直され、一九〇一（明治三四）年に首里尋常小学校で唐手の指導が始まった。その後、一九〇五（明治三八）年には沖縄県中学校と沖縄県師範学校において、唐手が正式に学校体育の一部に採用され、それを契機に広く普及することになった。

そのきっかけは、一九〇一（明治三四）年に鹿児島県視学官の小川鋠太郎が沖縄県を訪問したことだった。この時、糸洲安恒の指揮の下で船越義珍らが唐手の実演を披露したところ、これに感銘を受けた小川視学官が唐手の長所を詳細に文部省に具申し、その結果、唐手が学校の正課として認められることになったのである。

学校体育に採用されて数年経った一九〇八（明治四一）年には、京都で開かれた大日本武徳会主催の第一〇回青年大演武会において、沖縄県中学校の生徒が唐手の形を演じている。この演武を見たのが嘉納治五郎であった。嘉納は唐手の技に強い関心を示すようになり、三年後の一九一一（明治四四）年に沖縄県師範学校の生徒たちが修学旅行で上京した際には、彼らを自宅に招いて親しく交流するほどであった。

嘉納治五郎

嘉納が唐手に関心を示したのには理由があった。彼はその頃、持論の「精力善用」の考えに基づいて、日本人の誰もが実践できる実用的な国民体育を作り上げようとしており、その中に当身技《あてみわざ》を組み入れることを考えていたのである。ところが、当身技は、かつての柔術にはあったが、投げ技を中心とする講道館柔道では「形」として残っていただけで、ほとんど使われなくなっていた。そこで唐手の当身技を参考にしようとしたのである。実際、彼が発表した『精力善用国民体育の形』（一九二七）の中には、当て、突き、蹴り、打ち、取り、上げ、掛けなど、唐手の技法を援用したものが多数含まれている。

帝国海軍も唐手に関心を示した

帝国海軍の関係者も沖縄唐手に接していた。一九一〇（明治四三）年、八代《やしろ》六郎海軍少将（のちに大将）の率いる練習艦隊が那覇に入港した際、那覇の少年たちが唐手術の集団演武を披露した。八代は海軍兵学校の柔道教官を経験した武道家だったので、これを見て早速、乗組員将兵の中から柔道経験者を選抜して、沖縄県師範学校で五日間の合宿稽古を行わせるほどの熱の入れようであった。

さらに一九一二（大正元）年、出羽重遠《でわしげとう》大将の率いる第一艦隊が中城湾《なかぐすくわん》に寄港した時には、下士官兵一〇数名を沖縄県立第一中学校（旧・県中学校）に寄宿させ、一週間の合宿稽古をさせている。

船越義珍も、一九一六（大正五）年には自ら県代表として京都武徳殿において唐手の演武を行い、その後も一九二一（大正一〇）年三月、当時の皇太子（後の昭和天皇）がヨーロッパ歴訪の途中に那覇に上陸した際には、首里城正殿前において県立第一中学校と県師範学校から選抜された生徒たちによる演武の指揮官を務めるという大役を果たしていた。

この時の演武は、沖縄出身で御召艦「香取」の艦長という栄誉を担った漢那憲和《かんなけんわ》大佐（のちに少将、国会議員）の縁で実現したもので、生徒たちの唐手演武は皇太子に強い印象を与えていた。船越自身も漢那大佐から温かい激励の言葉をかけてもらっていた。文部省主催の運動体育展覧会が開かれる一年前のことである。

講道館での公開演武が大成功

上京した船越は、運動体育展覧会において、自作の図表をもとに、唐手の沿革と「形《かた》」を解説し、唐手の技を紹介したが、それだけではまだ十分な手応えを感じられなかった。そこで、郷土の先輩で東京高等師範学校教授をしていた金城三郎に頼んで、嘉納治五郎に斡旋してもらうことにした。嘉納は東京高等師範学校の校長であり、大日本体育協会の会長を退いて名誉会長として展覧会を主宰する立場でもあった。

そして数日後、船越は嘉納治五郎に招かれて、当時は小石川区下富坂にあった講道館道場で唐手の公開演武を行うことになったのである。この時、船越は、沖縄県師範学校を卒業して東京商科大学（現在の一橋大学）に在学していた儀間真謹《ぎましんきん》（一八九六〜一九八九）を伴って、講道館の館員はじめ二〇〇人以上の観客を前にして、形と組手の演武を行った。はじめに船越が公《クー》相君《シャンクー》（観空）、儀間がナイファンチ（鉄騎）の形の演武を披露し、そのあと二人で、決められた手順に従って技を掛け合う「約束組手」を紹介したのである。

講道館での演武の様子は新聞でも報道されて大きな反響を呼んだ。嘉納も自ら技術的な質問をいくつも発して、唐手に対する理解を深めた。そして演武の後、船越に対して「沖縄の唐手術はどこに出しても決して恥ずかしくない立派な武術です。この武術を本土で普及しようという考えがあるなら、そのための協力は惜しみません。必要なことがあれば、どんなことでも遠慮なく申し出てください」と温かい激励の言葉をかけたのである。この言葉に船越はいたく感激した。

唐手の指導普及に人生を捧げる

いよいよ展覧会も終わって帰郷の準備をしている船越のところへ、小杉放庵（当時は未醒、一八八一～一九六四）という画家が訪ねてきた。話を聞くと、「かつて画材を求めて沖縄を旅行したことがあり、その時以来、唐手に非常に興味をもっているが、東京には師範もいないので、できれば指導を受けたい」と言うのである。こうして船越は、小杉が主宰していた芸術家の社交団体である田端ポプラ倶楽部に招かれ、週に何回か指導することになった。さらに、各方面からも沖縄唐手術についての詳細な説明を要望され、それに応えて各地で講演や実演をして回ることにもなった。

そうこうしているうちに、船越の胸の中では、多くの人々の要望に応えて唐手の普及に努めることが自分の使命ではないかとの強い思いが湧き上がってくるのだった。そしてついに、そのまま東京にとどまって、小石川（現在の文京区）にあった沖縄県の学生寮「明正塾《めいしょうじゅく》」に寄宿し、そこの二〇畳敷の講堂を仮の道場として主に大学生を相手に唐手の指導を始めることにしたのである。

それ以後、空手道は、国内はもとより海外においても目覚ましい発展を遂げることになった。

その最初の出発点となったのが、この船越義珍と嘉納治五郎という二人の優れた教育者の出会いであった。

沖縄唐手はどのようにして誕生したのか

ところで、船越義珍が本土に紹介した沖縄唐手あるいは琉球拳法はいつどのようにして誕生したのだろうか。

沖縄の武術について特徴的なことは、古くは武器を使った武術があったものの、それは後世にまで継承されず、もっぱら徒手空拳の格闘技が発達したことである。その背景には二度にわたる禁武政策があったと言われてきた。すなわち、最初は、琉球王国の尚真《しょうしん》王が按司《あじ》と呼ばれる地方の豪族たちを首里に移住させて中央集権体制を確立するとともに、武器の携帯を禁じたことであり、二度目は、琉球を支配した薩摩藩が武器の保有を禁じたことである。そのために徒手空拳の護身術としての拳法が発達したというのが長い間の通説であった。船越義珍も著書でそのような見解を述べている。

たしかに沖縄の歴史を振り返ると、一五世紀の前半、本土では室町幕府の時代に、尚巴志《しょうはし》（一三七二〜一四三九）が三山（北山、中山、南山）を統一して琉球王国の第一尚氏王朝を開いた後、第二尚氏王朝において、一二歳の尚真《しょうしん》（一四六五〜一五二七）が第三代国王に即位した。尚真王は一五世紀から一六世紀にかけて五〇年間にわたって君臨し、刀狩を行って武器の携帯を禁じるとともに、各領地には代官「地頭代」をおいて中央集権体制を確立したことで知られる。

その間に琉球王国は、中国の明朝と冊封・朝貢関係を築き、それを通じて中国陶磁器を入手することで、東アジアは日本の堺や朝鮮の釜山から、東南アジアは現在のインドネシアのジャワ島にまで及ぶ広大な海の交易ルートを開拓し、その中継貿易地として栄えたのである。日本も琉球王国を通じて南方諸国の物産である薬草類、沈香類、染料などを入手していた。

しかし、一六世紀後半、ヨーロッパの商船がアジアに進出してきたため琉球の大交易時代は終わりを告げる。そして、一七世紀初頭の一六〇九年、琉球王国は薩摩藩の侵攻を受けて、以後二六〇年以上もの間、島津家の支配下に置かれることになったのである。

こうした事実をもとに、尚真王の禁武政策と薩摩藩による統治の下で、武器の所有を禁じられた琉球人の自衛手段として徒手空拳の格闘技が発達したとする通説が流布するようになったのであろう。

しかし、尚真王の禁武政策はともかく、薩摩藩による統治が琉球拳法を発達させたとする説には無理があるようだ。なぜなら、薩摩藩は鉄砲の所持は禁じたものの、士族階級が個人所有物として武器を持つことは自由だった。一方、士族以外の百姓や町人については、豊臣秀吉の刀狩以来の本土と同様に、武器の所有を禁じられたが、彼らは薩摩藩侵攻の一二〇年も前から尚真王の刀狩によって武器を持つことを禁じられていたのであって、薩摩藩によって武器を取り上げられたわけではなかった。しかも、薩摩藩による統治は琉球王国に大幅な自治を認める間接統治であって、民衆の抵抗運動なども見られなかったのである。したがって、今日では、薩摩藩が琉球人の武器所持を禁じたために自衛手段としての拳法が盛んになったという説は、空手の歴史に詳しい武道評論家の藤原稜三によれば、「全く根拠のない巷間の浮説にすぎない」（『近代空手道の歴史を語る』）とされている。

実際、琉球王国時代には、各種の武器を用いた武術が首里・那覇の士族を中心に行われていた。使われた武器の種類は剣、槍、弓、棒、釵《さい》などを中心に極めて多岐にわたっている。それでは、琉球拳法の起源はどこにあるのだろうか。

中国拳法から発展した琉球拳法

すでに述べたように、琉球王国は明国と朝貢関係を築いていたため、一四世紀末から大勢の中国人が琉球に渡来していた。一七世紀初めに薩摩藩の支配下に置かれたあとも、琉球王国は外見上は独立国を装って中国との冊封関係を維持し、日清両国に帰属する体制をとっていた。薩摩藩としてもそのほうが中国貿易の利益に与ることができるので都合がよかった。

こうした状況のもと、明国から琉球に派遣される使節の中には護衛のための武官も含まれていたことから、彼らを通じて中国拳法が琉球に伝わることになった。そして、それを学んだ琉球士族がさらに工夫を加えて、一九世紀後半には「手」と呼ばれる沖縄独自の琉球拳法が確立したと考えられている。

中国拳法は、江戸初期の日本本土にも伝わっていた。その結果、それまで組み討ちを主体にしていた日本の柔術にも影響を与えたが、それは主として当身技として柔術の中に吸収され、同化されていくことになった。これに対して琉球においては、日本の柔術に相当する徒手格闘技がなかったこともあって、中国拳法がほぼ原形のまま継承されて、沖縄独自の琉球拳法へと発展していったのであろう。

このように沖縄の唐手は中国から伝来した拳法をもとにして発展してきたが、船越義珍によれば、中国拳法には大きく分けて昭霊流《しょうれいりゅう》と少林流《しょうりんりゅう》という二つの系統があった。

両者の違いについて、船越は、昭霊流は体質肥満で骨格偉大な者に適し、少林流は骨格矮小で体力貧弱なやせ細った者に適していると説明している。堂々とした体格の人が昭霊流を使うのを見ると実に立派だが、往々にして敏活を欠く嫌いがある。他方、小柄な人が少林流を使うのを見ると、その早業に感嘆するが、気魄においていささか見劣りがする。昭霊流は心身を鍛えるのに適し、少林流は技術を練るのによいが、それぞれ長短があるので、両者の特徴をよくわきまえて練習するのがよい、というのが船越の持論であった。

首里手、那覇手、泊手

一方、沖縄唐手には首里手《しゅりて》、那覇手《なはて》、泊手《とまりて》の三種類があると説明されることがある。これらの呼称が沖縄で広く一般に使われるようになったのは、船越義珍が上京して唐手の指導を始めた後のことである。したがって、彼が戦前に著した刊行物にはこれらの呼称は登場しない。戦後の回顧録『空手道一路』（一九五六）の中で簡単に触れられているだけである。

では、その間に何があったのか。実はそこにも嘉納治五郎が関わっていた。一九二六（大正一五）年に、大日本体育協会名誉会長の嘉納らが同協会沖縄県支部および沖縄県柔道有段者会に招かれて沖縄を訪問することになり、その歓迎行事の一つとして唐手演武会を開催することになった。ところが、その準備段階において、沖縄県庁側から「唐手という名称はあまり好ましくない。この際、沖縄県の武道らしい名称を考えてはどうか」との提案がなされ、それを受けて唐手関係者の間で種々協議した結果、首里手、那覇手、泊手という名称を使用することになったのである。

これらの名称は、それぞれの地域において伝承されてきた「手」を意味している。三つの地域は、現在はいずれも那覇市の一部となっているが、首里は北東部に位置する琉球王国の王都、那覇は東シナ海に面して貿易港として栄えた国場川河口の港、泊はその北側の安里川河口の港である。したがって、これらの手は必ずしも唐手の技法の違いに基づくものではない。

とはいえ、これらの手にはそれぞれ特色がある。その中で一番古いのは、首里士族の間で極秘裏に伝えられた首里手で、その始祖は松村宗棍である。松村は北京に留学して中国拳法を学んだあと、琉球王府の御側守役として仕えた知勇兼備の誉れ高い武人であり、拳聖と称されている。首里手は少林流の影響を強く受けているほか、松村が若い頃に薩摩藩で修得した示現流《じげんりゅう》剣術の影響も受け、初太刀の威力と速度を持ち味に、遠距離戦を想定した派手な攻防と、敏捷な動作を特徴とする一撃必殺の思想を中心に成り立っている。この松村に師事して首里手を大成したのが、安里安恒と糸洲安恒であった。

これに対して、昭霊流の影響を強く受けているのが那覇手である。那覇手は新しく、中国拳法の面影を色濃く残しており、中でも福建派拳法独特の呼吸法を特徴としている。その基礎を築いたのは東恩納寛量《ひがおんなかんりょう》（一八五三〜一九一五）で、東恩納は新垣世璋《あらかきせいしょう》（一八四〇〜一九二〇）に師事し、中国福建省の福州で福建派拳法を修行したと言われているが、詳しいことはわかっていない。

泊手は地理的にも技法的にも両者の中間に属しているが、首里手に近い。泊手の中興の祖とされるのが松茂良興作《まつもらこうさく》（一八二九〜一八九八）で、安里安恒や糸洲安恒と同世代である。なお、糸洲安恒は松村宗棍に師事して首里手を教わったが、それだけでなく那覇手や泊手も幅広く修業していた。

このように沖縄では、松村宗棍が活躍した一九世紀前半に、安里安恒、松茂良興作、糸洲安恒、一九世紀半ばに東恩納寛量といった大家が誕生し、彼らの活躍によって、一九世紀末、つまり明治の後半までには、中国拳法をもとにした「手」と呼ばれる琉球拳法が確立していた。

なお、このほかにも、首里の武術家で一八世紀後半から一九世紀にかけて活躍した佐久川寛賀《さくがわかんが》（一七八二〜一八三七ほか諸説あり）という伝説的な人物がいた。北京で中国拳法を学んで帰国したことから「唐手《トゥーディ》佐久川」と呼ばれ、その弟子が松村宗棍であるといわれている。だがこの佐久川という人物については、その生没年も含めて、正確なことはほとんど分かっていない。

沖縄の学校体育に採用された唐手

沖縄の県中学校と県師範学校で唐手が正規の体育科目に採用されたのは一九〇五（明治三八）年のことだが、それが実現したのは、前に述べたように、日清戦争後に唐手が青少年の心身の鍛錬に効果があるとしてその価値が見直されたからであった。

しかし、学校で教えるためには、学校体育に相応《ふさわ》しい唐手の体系を作る必要があった。そのために中心的な役割を果たしたのが糸洲安恒である。糸洲は当時すでに七〇歳を過ぎていたが、後進の指導のために情熱を燃やし、首里手の技をもとに学校体育としての唐手を創案した。

糸洲が体系化した学校体育唐手は、旧制中学の五年間で修得可能と思われる一四種の形に絞られ、その中では、教育目的に反するような危険な技や反社会的な技は禁手として排除された。その一方で、運動量が多く体育的効果の高い動作を重視した新しい形も創案された。一四種の形とは以下のとおりである（金城裕『唐手大鑑』による。カッコ内は現在の松濤館流における名称）。

ナイファンチ（鉄騎）初段、二段、三段
平安《ピンアン》（平安《へいあん》）初段、二段、三段、四段、五段
パッサイ（抜塞）大、小
公相君《クーシャンクー》（観空）大、小
チントウ（岩鶴）
五十四歩《ゴジュウシホ》

このうち、ナイファンチ二段と三段、および平安初段から五段までの七種の形は、糸洲が学校体育唐手のために新たに創案したもので、他の七種は中国拳法を源流とする沖縄拳法の形である。このように和製の形と中国源流の形を半々にしたのは、当時の沖縄県学務課からの強い

希望によるものであった。日清戦争後に勝利した後だけに、敗戦国に源流を求める形ばかりでは日本の学校教育の教材としてふさわしくないと判断されたようである。

糸洲師範の下で生徒の指導に当たったのは、中学校では花城長茂《はなしろちょうも》（一八六九～一九四五）、師範学校では屋部憲通《やぶけんつう》（一八六六～一九三七）であった。二人とも糸洲安恒の最初期の弟子である。糸洲が唐手を教え始めたのは一八七九（明治一二）年頃のことなので、弟子入りした当時、屋部は一三歳、花城は一〇歳ぐらいだったことになるが、屋部はその前に隣家の松村宗棍からも唐手を教わっていた。

糸洲門下となった屋部と花城は、その後、難関だった下士官養成のための陸軍教導団に揃って合格する。この時、合格者三名のうちもう一人も同じ糸洲門下だったことが注目され、軍部や県が唐手に格別の関心を示すようになったと言われる。その後、二人とも日清・日露戦争に従軍し、下士官として凱旋帰国した。ちょうどその時期に、唐手が県中学校および県師範学校の体育科目として採用されることになったのである。

当時、本土では学習院をはじめとするいくつかの学校で柔術や撃剣（剣術）が例外的に正課として採用されてはいたが、文部省による中学校令施行規則が改正されて「撃剣及柔術」の名称で武道が正課として認められるのは、一九一一（明治四四）年になってからである。沖縄県の学校で唐手が正課として認められたのは、それよりも六年早かったことになる。

こうして沖縄県では、学校という場で多数の生徒を対象にした唐手の集団指導ができることになり、このことが唐手を広く普及させる原動力となった。先に述べたように、船越義珍も小学校の教員生活を終えた後、屋部憲通の推薦により県師範学校で唐手の指導を行うのである。

琉球王国の終焉

ところで、薩摩藩による統治が終わった後の琉球王国はどうなったのか。ここで明治維新後の沖縄の歴史を簡単に振り返ってみよう。

明治維新後、近代的な領域国家としての道を歩み始めた日本政府は、千島・樺太の帰属問題をはじめとする領土問題の解決に取り組んだ。それまで日清両国に帰属する形をとっていた琉球の問題もいずれ解決しなければならない課題だった。そこで政府は、一八七一（明治四）年の廃藩置県に際して琉球王国を鹿児島県に編入し、翌一八七二（明治五）年には琉球藩として鹿児島県から分離して政府の直轄下に置いた。この時点では、まだ清国との朝貢冊封関係は続いており、琉球王府の立場が大きく変わったわけではない。だが、その頃、琉球王国の命運を左右するある事件が発生していた。一八七一（明治四）年に起きた牡丹社《ぼたんしゃ》事件である。

牡丹社事件とは、那覇に年貢を納めて帰途に着いた宮古島の船が暴風に遭って台湾南部に漂着し、六六名の乗員のうち五四名が牡丹社という村の原住民に殺害され、一二名が保護されて辛うじて帰国したという悲惨な事件である。事件発生から二年後、日本政府は外務卿を北京に派遣し、台湾を支配する清国政府に対してこの事件の責任を追及したが、これに対して清国政府は、台湾は「化外《けがい》の地」、すなわち自分たちの教化の及ばないところであるとして、責任を回避した。そこで日本政府は、翌一八七四（明治七）年、台湾への出兵を断行したが、遠征軍は原住民集落を征服した後も、撤退せずに占領を続けて、台湾の領有主権をめぐって日清両国の主張が対立していた。

その後、日清両国の政府間で交渉が行われた結果、日清互換条約が結ばれ、これに基づいて日本は台湾の領有を諦めて撤兵し、その代わり、清国は日本に五〇万両《テール》を支払うとともに、日本の台湾出兵を「国民保護の義挙」と認めたうえで遭難被害者の遺族に弔慰金一〇万両を支払うことになった。ここで「国民保護の義挙」と認めたことは、清国が間接的ながら宮古島の琉球人が「日本国民」であること、つまり、琉球の日本帰属を認めたことになる、と日本政府は解釈した。これは日本からみれば、清国を相手に国際法を武器にして勝ち取った外交的勝利であった。

しかし、その結果、宗主国である清国との朝貢冊封関係を禁止されることになった琉球藩は、清国に救援を求めては日本政府に両属体制下の藩政維持の請願を繰り返すことになった。そうした中、日本政府は一八七九（明治一二）年、ついに琉球藩を廃止して沖縄県の設置に踏み切ったのである。いわゆる「琉球処分」である。こうして琉球王国は四五〇年の歴史を閉じることになった。

その後、沖縄県内では、旧王府の支配層が県政への抵抗運動を行ったり、あるいは清国に働きかけて、琉球王国の復旧を訴える嘆願運動を展開したりすることになった。その一方で、日清両国の政府間では様々な外交交渉が行われており、また、県内においては、若い知識人を中心に明治政府の近代化政策を支持する進歩的な勢力が台頭して、旧王府支配層との対立構造が鮮明になっていった。船越義珍が一〇代の少年期を過ごしたのはそういう時期であった。その中で義珍は、前にも述べたように、頑固党に属していた父親が断髪に反対したため医学校を断念し、教師の道を歩み始めたのである。

しかし、その後一八九四（明治二七）年に日清戦争が勃発し、日本が勝利を収めると、清国もついに日本の琉球領有権を認めざるを得なくなり、それに伴って沖縄における琉球復旧運動も失速してしまう。そして、これを契機に沖縄県ではそれまで遅れていた土地制度・租税制度・地方制度などの改革が進められることになり、以後、県民の間に日本国民としての意識が定着するようになっていくのである。

本章では、沖縄の唐手がどのようにして誕生し、それがどのようにして本土に伝わってきたのかを明らかにした。その過程においては船越義珍と嘉納治五郎という二人の教育者の出会いが重要な役割を果たしたことも見てきた。では、そのようにして本土に伝わった沖縄の唐手は、その後どのようにして今日の空手道へと発展していったのだろうか。次章においては、沖縄唐手が日本の武道としての空手道に生まれ変わっていく様子を検証してみよう。

第2章

空手はどのようにして
日本の武道になったのか

『琉球拳法唐手』で技法を体系化

東京の沖縄県人学生寮明正塾に寄宿した船越義珍は、唐手の実演や実技指導だけでなく、唐手の理論体系、技術体系、指導体系の構築に取り組んだ。さらに講演活動や著作物を通じた普及活動にも力を入れ、多くの弟子や指導者を育てた。船越が「近代空手道の父」と呼ばれる所以《ゆえん》である。彼の功績は、単に沖縄発祥の唐手を本土に紹介しただけでなく、それを日本の武道として位置付けて発展させたことにある。その際に参考にしたのは嘉納治五郎の講道館柔道であった。

最初に手がけたのは、それまで秘伝として伝授されてきた沖縄唐手の技法をわかりやすく図解した教程本を作成することであった。画家の小杉放庵から、唐手の参考書のようなものを残しておいたらどうかと勧められたのがきっかけであった。こうして、一九二二（大正一一）年の上京後まもなく著した『琉球拳法唐手』は、日本で初めて唐手術を図解入りで体系的に解説した画期的な教本となり、本土における空手の普及に極めて大きな役割を果たすことになった。本の装幀は小杉自身によるものであった。

翌年の関東大震災で紙型が焼失したため、一九二五（大正一四）年に改訂増補版が『錬膽《れんたん》護身唐手術』として出版されたが、旧版の挿絵がすべて写真版になったことを除けば、内容的には大きな変更はない。しかし、その後一九三五（昭和一〇）年に刊行された『空手道教範』では、それまでの研究や体験をもとに、形の解説に加えて、新たに組手基本の解説を追加するなど、大幅な内容改訂がなされている。

段位の発行

一九二四（大正一三）年には、初めて段位を発行した。講道館柔道においては、すでに四〇年も前から段級が設けられていた。それによって、稽古の目標が明確になり、入門の動機づけにもなって、講道館柔道の普及にも貢献するとともに、道場の経営面でもプラスになっていた。剣道や弓道においても大日本武徳会による段級制度が導入されたところだった。それだけに、唐手においても、柔道や剣道などに倣って段位の発行ができないか、検討課題となっていた。

それまでは、唐手に段位のような階級のないことについて、船越自身はその理由を、唐手においては柔道や剣道と違って試合ができないからであると説明していた。しかし、将来の可能性としては、「わが唐手も漸次研究の歩を進めて、防具を備へ、急所を禁じてやるようになれば、或は身支度の如何によっては柔剣道と同じく階級を附けることが出来ないとも限らない。又是非そこまで進展して行かなければならないと思う」と述べるとともに、さらに今のままでも「型を実演させて、手の使いぶりなり、意味なりを問答」することによって、採点が出来ないわけではないとの考えも披瀝していた。

そしてついに、その考え方に沿って、試合化よりも先に段位の発行に踏み切ったのである。免状は唐手研究会本部会長としての船越（当時は富名腰）義珍の名で発行され、最初の昇段者は、儀間真謹（前橋商業学校教師）、粕谷真洋（慶応義塾大学ドイツ語教授）、大塚博紀（神道揚心流柔術家）、小西康裕（慶應義塾大学剣道部師範）らであった。また、技術のレベルを明らかにするために、柔道と同じように有段者には黒帯を使用させることにした。

空手は大学空手部から広まった

初段を允可された粕谷真洋は、一九二四（大正一三）年、慶應義塾の学生を集めて学内に全国の大学で最初の「唐手研究会」を発足させ、船越を初代師範として招いた。これが大学空手部の第一号である。

翌一九二五（大正一四）年には東京帝国大学においても、医学部生の松田勝一と檜物一三が唐手研究会を創設し、こちらも同じように船越を師範に迎えた。続いて一九三〇（昭和五）年に拓殖大学、一九三一（昭和六）年に東京商科大学（現在の一橋大学）、早稲田大学へと広がり、その後も、日本医科大学、法政大学、第一高等学校、東京農業大学をはじめ、多くの大学で空手部が設立されていった。船越師範を手伝って指導に当たったのは、一七歳で上京した三男の船越義豪《ふなこしよしたか》（一九〇六～一九四五）であった。

義豪は日本の実情に合わせて大学在学中の限られた期間内で最大限の効果を挙げるため、形においては体育的要素を重視した大きな動作を重視した。それが今日の松濤館空手の特徴ともなっている。だがその義豪は、終戦直後の一九四五（昭和二〇）年、結核のため三九歳で夭逝した。

このほかにも、後にもまた触れるが、琉球王族出身で戦闘的唐手家として知られた本部朝基《もとぶちょうき》（一八七〇～一九四四）が移住先の大阪から上京し、東洋大学で指導を始めて空手部が発足し、大阪では摩文仁賢和《まぶにけんわ》の指導で関西大学や関西学院大学などにも空手部が発足した。

こうして日本の空手は大学を中核として広がっていくことになる。当時の大学の数は約四〇校で、進学率は同年齢層の三〜五％に過ぎなかった。したがって、そこに集まる学生はまさにエリートであり、文武両道の士であった。

「唐手」から「空手」へ

船越は唐手という名称も改めた。一九二九（昭和四）年、彼が師範を務めていた慶應義塾大学唐手研究会が、鎌倉円覚寺管長の古川堯道《ぎょうどう》師の指導の下に、船越師範の承認を得て唐手を「空手」と改めることとし、研究会の名称も翌年から「空手研究会」へと改称したのである。「空手」という新しい名称は、『般若心経』にある「色即是空、空即是色」の空の境地が、宮本武蔵が『五輪書』〈空の巻〉で説く「一切の雑念を去った空の心境」と重なることから、そのように命名したとされている。当時の時代背景を考えれば、中国を連想させる「唐」を避けて、日本の武道であることを強調する意図が働いていたのであろう。

船越自身は、『空手道教範』において、次の四点を挙げて、「空」の意義について説明している。第一は、空手は「徒手空拳」をもって身を護り敵を防ぐ術であること。第二は、空手を学ぶ者は我意・邪念を去り、「中心空虚」にしなければならないこと。第三は、空手を学ぶ者は内に謙譲、外に温和、正義のためには敵を恐れぬ勇気がなければならず、そのため竹のように「中が空」で、外はまっすぐ、節があってほしいこと。第四は、武術の種類は多いが、それらはすべて空手と揆を一にし、空手は一切武術の根本である。これは、宇宙の色相は一切空で、空は一切の色相にほかならない、すなわち「色即是空、空即是色」である。

なお、空手という言葉は、一九〇五（明治三八）年、沖縄の県中学校で唐手を正課に採用した年に、花城長茂が「空手組手」という言い方で用いていた。だが、それは素手で行う組手という意味で使われたものであって、唐手に代わる名称として用いられたものではなかった。

形の名称を和風化

形の名称についても、それまで沖縄での口伝えに基づいて片仮名で表記していた中国風の名称を、漢字による和風の名称に改めた。それが現在の松濤館流の形の名称となっている。

船越が写真入りで解説した形は一五種類である。これを『空手道教範』で採用された和風の名称で示すと、以下のようになる（カッコ内は『琉球拳法唐手』で用いられた旧称）。

平安《へいあん》（ピンアン）初段、二段、三段、四段、五段
抜塞《ばっさい》（パッサイ）大
観空《かんくう》（公相君《くうしゃんくう》）大
騎馬立《きばだち》、後に『増補　空手道教範』で鉄騎《てっき》と改称（ナイハンチ）初段、二段、三段
半月《はんげつ》（セーシャン）
十手《じって》（ジッテ）
燕飛《えんぴ》（ワンシュウ）
岩鶴《がんかく》（チントウ）
慈恩《じおん》（ジオン）

以上一五種類の形は、糸洲安恒が首里手を基に構成した学校体育としての唐手と共通する部分が多いが、違いもある。船越自身はこのことについて何も言及していないが、学校体育唐手は教育上の配慮から技が限定され、また少林流に偏っていたこともあって、それだけでは沖縄唐手として紹介するには不十分だと考えられたのであろう。

実際、両者を比較してみると、船越が取り上げた一五種類の形には、学校体育唐手にあった一四種類のうち三種類（抜塞小、観空小、五十四歩）が除かれて、学校体育唐手にはなかった四種類（半月、十手、燕飛、慈恩）が含まれていることがわかる。

これら一五種類の形のうち、昭霊流の系統に属するのは、鉄騎（初段〜三段）と、追加された半月、十手、慈恩の六種類で、少林流の系統に属するのは、追加された燕飛を含めて九種類である。これに対して、学校体育唐手においては昭霊流の系統は鉄騎（初段〜三段）の三種類のみで、あとの一一種類はすべて少林流であった。このことからも、船越が本土に紹介した一五種類の形は、学校体育唐手のもとになった少林流だけでなく、昭霊流の技法をも含んだ広い意味での沖縄唐手であり、彼の持論でもある少林流と昭霊流をバランスよく組み合わせたものとなっていることがわかる。

船越が本土で指導するに当たって特に重視したのは、糸洲安恒が創案した「平安」で、初心者にはまずこれから入ることを勧めた。その理由は平安が最も習いやすく、しかも変化に富み、かつその中には基本となるべき姿勢・技などがほとんど全部含まれているからであった。そのため上京後の船越は、「ピンアン先生」というあだ名がつくほどだったという。

なお、船越はその著書において、これら一五種類の形のほかにも、学校体育唐手にも含まれていた抜塞（パッサイ）小、観空（公相君）小、五十四歩はもとより、それ以外のチンテー（珍手）、ジイン（慈陰）、ワンダウ、ローハイ（明鏡）、ジウム、ワンドウ、ソーチン（壮鎮）、二十四歩、三十六、一百零八（スーパーリンペイ）、ワンカン（王冠）、コカン、雲手、三進などの形があることを紹介している。このうち、五十四歩は首里手の最高形、一百零八（スーパーリンペイ）は那覇手の最高形とされる形である。

体育、護身術、精神修養の三本柱

船越は空手の効用についてもわかりやすく説明した。『琉球拳法唐手』および『空手道教範』の中で、空手には「体育」、「護身術」および「精神修養」としての効用あるいは価値があると述べ、それぞれについて、次のような具体的な説明を加えている。

第一に、「体育」としては、以下のような長所を挙げている。

（1）「上下・左右バランスがとれている」
五体を左右・上下均等に動かすので、腕だけが発達したり、脚だけが強くなったりといった、一方に偏る心配がない。

（2）「時間を要しない」
形の動作には一～二分しかかからないので、時間を要せず、短時間でも十分な運動量になる。そのため「運動をしたいが時間がない」という人にとって最も理想的な体育である。

（３）「場所をとらない」

空手は、柔道・剣道・水泳・馬術などと違って、どこでも練習できる。場所をとらず、武器もいらず、相手がいなくてもできる。庭先でも、座敷でも、廊下でも、どこでも、思い立ったときにすぐに練習できる。

（４）「老若男女誰でもできる」

空手は、虚弱な者にも、女子供にも、老人にも、誰でも容易に練習できる。各自が自分の体力に応じて行えばよく、過激になったり、疲労を覚えたり、危険を伴うといった心配もない。しかも練習を積めば積むほど運動量も増えるのが空手の長所である。

（５）「単独でも団体でも練習できる」

単に体操としてみても、一挙手、一投足すべて意義があるので、習うのが楽しく、変化があるので、覚えるのも楽しみとなる。また健康法としても優れている。

第二に、「護身術」としては、以下のように説明している。

およそこの世に生をうけた者は、必ず身を護り、敵を防ぐだけの用意がなければならない。鳥獣草木でさえ、牙、爪、毒針、棘などで身を護り、敵を防ぐ。人間にもその用意がなければ、鳥獣草木にも劣る。空手は、寸鉄も帯びずに一撃一蹴によって板を割り、石を砕く力があり、全身が武器といっていいほど、猛烈な攻撃力を備えている。

空手には投技もあるが、打ち・蹴り・突き・逆手（関節技）を主にしているので、動作が敏捷で素人には目にも止まらぬほどである。しかも、受けと攻めの手が同時にでるので、体力の貧弱な婦女子・少年・老人でも習得でき、強敵を倒すことができるのが、護身術として他に類を見ない長所である。

第三に、「精神修養」としては、以下のように説明している。

どんな武術でも、勇気・礼節・廉恥・謙譲・克己などの美徳を養うことができるが、多くの武術は、体質・体格・気力の貧弱な者は途中で挫折してしまうのが普通で、無理をすれば怪我などをしてしまう。その点、空手は老幼・男女、誰にでもできる武術で、しかも場所・設備・時間を要しないので、容易に継続することができる。この継続しやすいということが、精神修養の上にも偉大な効果をもたらす。

だから半年や一年でやめてしまわずに、少なくとも精神修養としては、一〇年、二〇年、できるならば一生涯、これを習い、これに親しみ、技とともに勇気・礼節・廉恥・謙譲・克己の美徳を磨いて身の光としなければならない。この継続しやすいという点においても、空手は精神修養に資する武術の中で、最も適当なものである。

以上のように、船越は空手の価値を「体育、護身術、精神修養」の観点から説明したが、これは第3章で紹介する嘉納治五郎の柔道に対する考え方とも相通じる。嘉納は柔道の目的を、「体育、勝負、修心」であるとし、単に勝ち負けを競うだけでなく、体育と修心の重要性を説いていた。体育とは、運動能力を高め、健全な肉体を作ることである。修心とは、社会に適合し、社会にとって有益な人物になることである。

両者を比較すると、いずれも同じように心・技・体の三点を挙げていることがわかる。技に相当する部分は、嘉納が乱取による「勝負」を掲げているのに対して、船越は形による「護身術」を掲げているが、これは当時から試合のあった柔道と、形稽古しかなかった唐手の違いを反映したもので、武道に対する両者の考え方に違いはない。

二人が「精神修養」または「修心」という言葉で武道のもつ精神的あるいは道徳的な側面を重視したのは、単なる偶然の一致ではなかった。嘉納は二〇年以上にわたって東京高等師範学校校長を務めた教育者であり、船越も長らく学校教員を務めた教育者である。しかも二人は高い教養を身につけた教養人であった。そのような二人にとって、武道の究極的な目的とは相手を倒したりすることではなく、自分自身の徳を磨くことであり、それを通じて社会に貢献することでなければならないと考えるのは、ごく自然なことであった。

大日本武徳会の公認を得る

日本の武道となった空手は、一九三三（昭和八）年、嘉納治五郎の尽力により大日本武徳会の柔道部門の一部として公認され、武徳祭にも出場できるようになった。ただし、この時、大日本武徳会の公認を得るに当たっては、柔道との差異化を図るため、投げ技や関節技は空手から除外されることになった。

もともと琉球拳法においては、手足を中心とした身体そのものが主役であるため禁手がなく、武器を使わない代わりに、身の回りにあるものはもちろん、五体のあらゆる部位を武器として使った。突きや蹴りはもとより、投げ技も関節技も当身技も用いられた。だが、それでは柔道の技と重複してしまう。そこで、嘉納は、柔道の中心的な技である投げ技や関節技は空手から除外したのだが、その一方で、嘉納自身が関心を持っていた当身技はそのまま残し、空手を柔道部門の一部とすることで柔道部門の中に位置付けることにしたのである。

空手の礼法については、沖縄の県立師範学校では、屋部憲通が体系化した旧陸軍教導学校の武技訓練方式に則って行われていた。それは立礼から始まって、坐礼・準備体操・基本動作（運足・反転・突き・蹴り）・形演習・調整体操・坐礼・解散という順序で行われており、現在の稽古方式と大きな違いはない。船越はそれを踏襲するとともに、新たに講道館に倣って、道場の中央正面には神棚を祀《まつ》り、鏡開き・暑中稽古・寒稽古などの行事なども導入した。講道館方式の礼法も、その原型はかつての武士階級の礼法あるいは武術の稽古作法であり、禅の礼法を受け継ぐものであった。

空手から空手道へ

唐手を空手と改めた後、船越は、空手は人格陶冶、人間形成を重視する「道」であるという理想を掲げ、「空手の正しい理解と正しい用い方」という意味を込めて「空手道」という名称を使うことにした。

このことについて、『空手道教範』（一九三五）の中では、空手道とは「真の空手」であり、内には天地に恥じない心を養い、外には猛獣をもひれ伏させる威力がなければならないとしたうえで、「心と技とが兼ね備わってはじめて完全な空手道といえる」と述べ、空手道を修める者が心がけるべきこととして、次の四項目を挙げている。

（１）「礼儀を重んじなければならない」
礼儀は稽古中だけでなく、いつ、いかなる場合でも重んじなければならない。

（２）「自己を虚しくして教えを受けなければならない」
知らないものは知らないとして、他人の批評に耳を傾け、常によく自制する心掛けがなければならない。

（３）「常に謙譲の心と温和の態度とを忘れてはならない」
腕に覚えがあると、とかく威張ってみたくなるのは小人の常であるが、「武術家ぶる武術家」ほど片腹いたいものはない。

（４）「剛毅勇武の風を養わなければならない」
いったん事ある場合、自ら正しいと信じたら千万人の反対をも押し切り、いかなる困難も辞さぬ意気がなければならない。優柔不断は空手道修業者の最も恥ずべき事である。

その後、空手道という名称は流派を超えて広まっていったが、それ以前から空手部と称していた大学では、そのまま空手部という名称を使っているところも少なくない。

こうして、沖縄において中国拳法の影響を強く受けて発達した唐手術は、船越の努力で日本本土に定着し、日本の武道としての空手、さらに空手道へと発展していくことになった。しかし、その反面、柔道との差異化を図るため投げ技や関節技や武器術が排除されたり、新たに柔術を参考にした組手が導入されたりするなど、沖縄の伝統的武芸としての唐手術から乖離していくことにもなった。

そのため、船越は、沖縄でもまた東京の一部の人からも非難された。拓大空手部を創設した高木正朝は、「当時は沖縄のほとんどすべての指導者は猛反対で、先生（船越）を反逆者扱いにした」と『拓殖大学空手部五十年史』に記している。

その意味でも、船越は単に沖縄唐手を本土に紹介しただけではなく、日本の武道としての空手道を「創始」したのであり、まさに「近代空手道の父」なのである。

船越義珍の教え――「松濤二十訓」と「松濤五条訓」

空手道のもつ精神面を重視した船越は、空手の稽古においては、技だけでなく、勇気・礼節・廉恥・謙譲・克己などの美徳を磨かなければならないとして、稽古で心掛けるべき大事な教えを箇条書きにしてまとめた。それが以下の松濤二十訓（空手道二十箇条）と松濤五条訓（道場訓）である。

松濤二十訓（空手道二十箇条）
第一条　空手道は礼に始まり礼に終る事を忘るな
第二条　空手に先手なし
第三条　空手は義の補《たす》け
第四条　先ず自己を知れ而《しか》して他を知れ

第五条　技術より心術
第六条　心は放たん事を要す
第七条　禍は懈怠に生ず
第八条　道場のみの空手と思ふな
第九条　空手の修業は一生である
第十条　凡ゆるものを空手化せよ其処に妙味あり
第十一条　空手は湯の如し絶えず熱度を与へざれば元の水に返る
第十二条　勝つ考へは持つな負けぬ考へは必要
第十三条　敵に因って転化せよ
第十四条　戦は虚実の操縦如何にあり
第十五条　人の手足を剣と思へ
第十六条　男子門を出づれば百万の敵あり
第十七条　構へは初心者にあとは自然体
第十八条　形は正しく実戦は別もの
第十九条　力の強弱体の伸縮技の緩急を忘るな
第二十条　常に思念工夫せよ

松濤五条訓（道場訓）
一、人格完成に努むる事

一、誠の道を守る事
一、努力の精神を養う事
一、礼儀を重んずる事
一、血気の勇を戒むる事

流派はどのようにして誕生したのか

船越義珍が上京して唐手の指導を始めてから数年後、沖縄から摩文仁賢和《まぶにけんわ》（一八八九～一九五二）、宮城長順《みやぎちょうじゅん》（一八八八～一九五三）、遠山寛賢《とおやまかんけん》（一八八八～一九六六）らが相次いで上京し、それぞれ唐手の指導を始めた。彼らはみな船越義珍より二〇歳ほど若い。そのきっかけを作ったのも嘉納治五郎であった。

沖縄では一九一五（大正四）年に糸洲安恒と東恩納寛量という両大家が相次いで亡くなった後、一九一七（大正六）年にはその弟子たちが集まって、摩文仁賢和を中心にした唐手研究会が発足した。研究会には屋部憲通、花城長茂、船越義珍、宮城長順らが参加していた。船越の上京後、研究会は「唐手研究倶楽部」へと改組され、旧王族出身の長老である本部朝勇《もとぶちょうゆう》（一八五七～一九二八、朝基の兄）を会長に迎えて、沖縄県在住唐手家の統一組織として内務省の承認を受け、道場も設けて子弟の育成に着手するようになった。

こうした中で、一九二二（大正一一）年、東京で船越と出会った嘉納治五郎は、その秋に沖縄を訪問して、沖縄県立師範学校の講堂で武道講話を行い、さらに四年後の一九二六（大正一五）年には、第1章でも述べたように、大日本体育協会沖縄県支部及び沖縄県柔道有段者会に招かれて、講道館の山下義韶《よしつぐ》、永岡秀一、三船久蔵らの高段者を伴って沖縄を再訪することになった。この時、県側は、歓迎行事の一環として唐手演武会を催すことにし、唐手研究倶楽部の摩文仁賢和と宮城長順が世話役となったのである。

演武会のあと、二人から唐手術の技法について詳しい説明を受けた嘉納は、「攻防自在、こんな理想的な武道は、広く全国に宣伝するべきだ」と賛辞の言葉を贈った。これをきっかけに摩文仁も宮城も上京を決断したのである。

摩文仁賢和は、糸洲安恒から首里手を学び、東恩納寛量から那覇手を学んだほか、泊手や他の琉球古武道にも精通していた。一九二八（昭和三）年、警察官を退職して上京すると、翌年、大阪に移って養秀館道場を開き、関西大学、関西学院大学、さらに本部朝基のあとを継いで東京の東洋大学でも指導を行った。

一九三四（昭和九）年に『攻防自在護身術空手拳法』、一九三八（昭和一三）年に『攻防拳法空手道入門』を著した摩文仁は、一九三九（昭和一四）年、武徳会に糸東流を登録し、糸東流拳法空手道として一派をなし、大日本空手道会を設立した。糸東流の名称は、糸洲安恒と東恩納寛量という二人の恩師の頭文字をとったもので、沖縄唐手の伝統的な形をほとんどそのまま受け継いでいる。

摩文仁は、「空手は形に始まり形に終わる」を口癖にするほどの自他共に認める「形の第一人者」であった。船越義珍も「形のことは摩文仁に訊け」といって、自ら三男の義豪を摩文仁のもとに遣わして形を学ばせている。現在でも全日本空手道連盟（全空連）の登録形の数は、糸東流が他の流派と比べると群を抜いて多い。

宮城長順は、東恩納寛量に師事して那覇手を学んだ。一九二八（昭和三）年に京都帝国大学柔道部に招かれて唐手の指導を始め、立命館大学の山口剛玄らに伝授したのが剛柔流の隆盛のもととなった。

剛柔流とは、「沖縄伝武備志」の中にある「拳法大要八句」（拳法を修業する者の基本的な心構えを述べたもの）のうち「法呑吐剛柔」（法は剛柔を呑吐す、つまり天地は剛に柔に呑吐を繰り返す、だから天地と呼吸を合わせなければならない）に基づくものである。

宮城が剛柔流を名乗るのは一九三一（昭和六）年のことで、一九三六（昭和一一）年には、剛柔流の最初の教本として『琉球拳法唐手道沿革概要』を著わし、一九三九（昭和一四）年には武徳会に剛柔流を登録した。宮城の教えをうけた山口剛玄は、戦後の一九四八（昭和二三）年に東京の浅草に本拠を構え、海外への普及にも力を入れた。

遠山寛賢は、師範学校で糸洲安恒と屋部憲通の指導を受けており、「空手に流派はない」を持論に無流派主義を唱えた。一九三一（昭和六）年に上京して修道館（後に韓武館を経て錬武会）を設立し、戦後になると防具付きの空手道の普及に尽力した。

このほかにも、旧王族の出身で糸洲安恒らに師事し、戦闘的な唐手で知られた本部朝基が、一九二一（大正一〇）年に沖縄から大阪に移住していた。彼は京都でボクシング対柔道の試合を見て飛び入りし、相手の外人ボクサーを一撃のもとに倒して一躍有名になり、そのおかげで唐手の名が一躍全国に知られるようになった。史上最強の空手家とも言われる。一九二六（大正一五）年には空手史上最初の組手に関する著書『沖縄拳法唐手術 組手編』を著し、その後、二歳年長の船越を訪ねて上京、東洋大学などで唐手を教えはじめた。一九三四（昭和九）年には本郷に大道館道場を開設するが、一九四一（昭和一六）年に沖縄に帰郷した。本部の唐手はその後、嫡男の朝正を宗家とする本部流として受け継がれている。

これらの沖縄出身者に加えて、船越義珍に師事した柔術家の大塚博紀も、立教大学、東京帝国大学、明治大学、日本大学、東京農業大学などで空手を指導し、首里手に柔術を取り入れて一九三八（昭和一三）年に和道流を創始した。一九五七（昭和三二）年には『空手術之研究』を著わしている。

こうして本土の空手界にはいくつもの流派が存在することになった。

松濤館流の由来

では船越義珍はどうしたのか。船越は自ら流派を名乗ることはなかった。嘉納の柔道と同じように、単に空手道と称したのである。しかし一般的には、一九三九（昭和一四）年一月に落成した松濤館《しょうとうかん》道場の名をとって松濤館流と呼ばれている。松濤とは、幼少時から漢籍に親しみ、書や詩歌をよくした船越義珍の雅号である。

松濤館道場は第二次大戦中に大空襲で焼失したが、戦後の一九四八（昭和二三）年、かつての松濤館道場の弟子たちによって日本空手協会が創設され、船越義珍が最高技術顧問に就任した。それが現在の公益社団法人日本空手協会である。

今日、この船越義珍の松濤館流に、先に紹介した糸東流、剛柔流、和道流を加えた四流派が、日本の空手の四大流派と呼ばれている。この中で圧倒的な勢力を誇る松濤館流は首里手系統の空手である。これに対して剛柔流は那覇手系統であり、糸東流は首里手も那覇手も含んでいる。和道流は首里手だけでなく柔術の影響を受けている。

ちなみに、沖縄県においては、首里手を伝える少林流（知花朝信）、那覇手を伝える剛柔流（東恩納寛量）、剛柔流とは別に中国の南派（福建派）拳法の流れを汲む上地《うえち》流（上地完文）の三つの流派が主流となっている。

このように、今日の空手界には多数の流派が混在している。流派によって技や形に違いがあるだけでなく、組手試合を行う流派もあれば行わない流派もあり、さらに、四大流派においてもいくつもの分派が誕生している。そのため一つの武道としてのまとまりを欠いている点で、他の武道とは様相を大きく異にしている。

柔道や剣道の場合は、そのもとになった柔術や剣術には何々流という流派が存在するが、現在の柔道はあくまでも講道館柔道であり、剣道は二〇世紀初めに大日本武徳会によって標準化された剣道であって、どちらも全国統一の形を用いて稽古を行い、統一ルールに従った競技形式を導入している。それ以外にも独自の伝統を守る柔術や剣術が存在するが、それらは武道とは別に、古武道という名のもとに継承されているのである。

これに対して空手の場合は、もとの流派の違いを残したまま、同じ空手道として、戦前には大日本武徳会の武道の仲間入りをし、戦後は全日本空手道連盟（全空連）に加盟している。そのため、様々な理念や特色を備えた流派が並存し、「空手とは何か」という基本的な部分が曖昧のまま今日に至っていることは否定できない。

しかし、皮肉なことに、そうした状態で林立する流派や分派が独自にそれぞれの空手の普及に熱心に取り組んだからこそ、今日のような多様な空手が国内はもとより海外にも広く普及することになったとも言えなくはない。

各流派や流派内の分派は、それぞれの支部をもち、段位を発行する独立した組織である。そのうえ、技術や思想の違いもある。それだけに、それを無視して組織を一本化することは難しいし、また、一本化することが望ましいとも言い切れない。そのようなことをすれば、かえって空手道の本質が歪められてしまいかねないのである。

本章では、沖縄の唐手が講道館柔道を参考にしながら日本武道としての空手道へと発展してきた軌跡を振り返ってみた。では、船越義珍がお手本にした講道館柔道をはじめとする日本の武道とは一体どういうものなのか。それはいつどのようにして成立したのか。次章においては日本の武道の意味と、その成立の経緯について振り返ってみよう。

第3章

武道とは何か

「武道」とは二〇世紀の概念である

沖縄から本土に伝わった唐手は、船越義珍をはじめとする沖縄出身の唐手家たちの献身的な努力によって空手道となり、柔道や剣道などと並ぶ日本の武道の仲間入りをした。それでは、日本の武道とは一体どういうものなのか。それはいつどのようにして成立し、今日の姿へと発展してきたのだろうか。

武道という言葉は、昔から使われている古い言葉だと思われるかもしれない。だがこれは現代の用語である。厳密に言えば、江戸時代以前にも武道という言い方があるにはあった。しかしそれは今日の武士道に近い意味で用いられていたものだ。その辺の事情は第8章において詳しく述べることにしたいが、ここではとりあえず、今日使われている武道という言葉は、明治末期以降、つまり二〇世紀になって登場した新しい概念であるということを確認しておこう。そのうえで武道とは何か、その意味を考えてみたい。

この問題を考えるに当たっては、議論の混乱を避けるために、あらかじめ武道の定義を明確にしておく必要がある。今日、武道関係者の間で合意が得られているものとしては、日本武道協議会による「武道の定義」（二〇一四年制定）がある。これによれば、「武道は、武士道の伝統に由来する日本で体系化された武技の修錬による心技一如の運動文化で、心・技・体を一体として鍛え、人格を磨き、道徳心を高め、礼節を尊重する態度を養う、人間形成の道であり、柔道、剣道、弓道、相撲、空手道、合気道、少林寺拳法、なぎなた、銃剣道の総称を言う」とされている。

この定義では、武道が「武士道の伝統に由来する」ことが明らかにされている。さらに注目したいのは、武道の意味や内容が説明されているだけでなく、その範囲が限定されていることである。つまり、「武道」として位置付けられているのはここに掲げられた九種目だけであって、それ以外の伝統的な武術は、武道とは別の「古武道」として扱われているのである。

また、同協議会の「武道憲章」（一九八七年制定）では、「武道は、日本古来の尚武の精神に由来し、長い歴史と社会の変遷を経て、術から道に発展した伝統文化である」とした上で、その目的を、「武道は、武技による心身の鍛錬を通じて人格を磨き、識見を高め、有為の人物を育成することを目的とする」と明確に規定している。ここでは、武道は「武術から発展した」ものであることが示されているのである。

これらをまとめると、武道とは「武術や武士道の伝統に由来するもの」であり、その特徴は、第一に武技により心身を鍛錬すること、第二に体系化された技法や稽古法を有すること、第三に人格を磨くこと、ということになる。

このように、武道の第一の特徴は「武技による心身の鍛錬」という点にある。江戸時代までの武術を基盤にしつつ、武士道の伝統をもとに術から道へと発展した文化が武道なのである。ではそのような武道とはいつどのようにして誕生したのだろうか。以下においてその経緯を振り返ってみたい。

武家社会の崩壊で武術が衰退

江戸時代の武士の子弟は、男子であれば、剣術、槍術、弓術、馬術などの武芸を必ず身につけなければならなかった。女子の場合は薙刀《なぎなた》である。徒手で行う柔術は、武士だけでなく町人や農民の間でも習う者が多かった。今日の武道はこうした武術あるいは武芸がもとになっている。では、これらの武術は、いつどのようにして武道へと変化していったのだろうか。その間に何が起こったのだろうか。その経緯を振り返ると、それは決して平坦なものではなかったことがわかる。その背景には明治維新による日本社会の激震があった。

幕末に西洋列強の強力な軍事力を見せつけられた日本は、明治維新後、国の独立を維持するために伝統武術に代わる西洋式の陸海軍を組織して富国強兵を目指すとともに、一気に欧化政策を進めた。その過程において武士階級は解体され、武家社会は崩壊してしまった。武士階級がなくなると、武士の嗜《たしな》みだった武術も旧時代の遺物となり、もはやそれを学ぼうとする人もいなくなった。そのため各藩に仕えていた武術師範たちは職を失うことになった。日本の伝統的武術はほとんど顧みられなくなり、各流派とも衰退の一途をたどることになったのである。

剣術師範を救った撃剣興行の人気

その中にあって、幕府講武所の剣術師範だった直心影流第一四代の榊原鍵吉（一八三〇～一八九四）は、困窮する士族を救済するために見世物としての試合制度を編み出し、一八七三（明治六）年に撃剣会を組織して興行化した。そのヒントを得たのは、相撲の興行からであった。

相撲の歴史は古く、第一一代垂仁《すいにん》天皇の時代にまで遡るといわれるが、平安時代までは、主として宮中行事として行われていた。鎌倉時代になると武芸としても取り入れられ、武運を祈願する神事相撲へと移行する。さらに、寺社の建造費などの資金を集めるための勧進相撲が登場し、江戸時代になると見世物としての相撲が興行化されて、人気を博していた。榊原はこれにヒントを得て、呼び出し、行司、一本勝負などの要素を取り入れた見世物としての撃剣会を組織したのである。

これに対しては、剣の道を汚すものだとして批判する声もあった。しかし結果的には撃剣興行は人気を集め、そのおかげで剣術はかろうじて命脈を保つことができた。だが東京では、士族の反乱を警戒した警視庁によって撃剣興行が禁止されてしまう。そして一八七六（明治九）年には明治政府の帯刀禁止令が出されて、武士の時代が名実ともに幕を閉じることになった。

転機が訪れたのは、翌一八七七（明治一〇）年の西南戦争であった。徴兵令によって平民で構成された陸軍主体の政府軍は、西郷隆盛を中心とする鹿児島士族の反乱軍を相手に苦戦を強いられていたが、そうした中で、全国の士族を集めた警視庁の抜刀隊が大活躍したのである。これを契機に明治維新で廃れていた剣術や刀の価値が改めて見直され、多くの剣術家や柔術家などが警視庁に採用されることになった。一八七九（明治一二）年には、警視庁に剣術を奨励するために撃剣世話掛が設けられ、撃剣興行の剣客たちも登用されるようになった。

この年にはほかにも士族階級の士気を高めるような出来事があった。アメリカのユリシーズ・グラント前大統領が国賓として来日し、二回にわたって歓迎演武会が開かれたのである。渋沢栄一の私邸における歓迎演武では、榊原鍵吉らによる撃剣や磯又右衛門正智らによる天神真楊流柔術の演武が披露され、グラント将軍も柔術に興味を示した。三週間後に上野公園で開催された天覧演武においては、明治天皇の前で流鏑馬《やぶさめ》、槍術、剣術（撃剣）などが披露された。こうした天覧演武が実現したこと自体、日本文化としての武術の価値の再評価につながるものとして、維新後の急激な欧化主義に不満を抱いていた士族階級からは大いに歓迎された。

一八八五（明治一八）年になると、警察官の士気高揚と武術の振興を図るため、警視庁武術大会が開催されるようになり、全国から剣術家や柔術家が参加することになった。それに伴い、警視庁流撃剣形が制定され、竹刀と面・小手の防具を使った稽古および実戦的な試合形式が採用されるようになるのである。

こうした時代背景の下で、一八八二（明治一五）年には無刀流開祖の山岡鉄舟（一八三六～一八八八）が「春風館」道場を開設し、厳しい稽古を通じて精神性を重んじる無刀流剣術の真髄を伝授し始めている。山岡はかつて勝海舟と西郷隆盛の会談を実現させて江戸無血開城を実現させた人物であり、維新後は明治天皇の侍従を務めた。西郷隆盛の次の言葉は山岡のことを述べたものである。

「命も要らず、名も要らず、位も要らず、金も要らず、という人こそもっとも扱いにくい人である。だが、このような人こそ、人生の困難を共にすることのできる人物である。またこのような人こそ、国家に偉大な貢献をすることのできる人物である」

柔術を学んだ嘉納治五郎の場合

柔術の場合は、明治維新後も町民や農民の間では人気があったが、それでも各地の道場が閉鎖され、職を失った柔術師範の中には、整骨師となる者が少なくなかった。そうした時代にあえて柔術を学び始めた人物がいた。それが後に講道館柔道を創始する嘉納治五郎である。

嘉納治五郎は、江戸時代末期の一八六〇（万延元）年に摂津国御影村（現・神戸市東灘区御影町）で酒造・廻船業を営む名家に生まれた。母の死後、一〇歳の時に父に付いて上京して書道や英語を学び、一八七七（明治一〇）年、発足したばかりの東京大学文学部に入学した。文学部には政治、理財、哲学、和漢学の四部があり、嘉納は政治学と理財学を修めて卒業した後、さらに哲学選科生として一年在学し、在学中から学習院の講師も務めていた。

卒業後、学習院の教授となった嘉納は、その後も三〇代前半から通算二五年間にわたって東京高等師範学校の校長を務めるなど、教育者として幅広く活躍し、その間に大日本体育協会会長や国際オリンピック委員会（ＩＯＣ）委員なども務めている。

ところで、嘉納はなぜ柔術を習いはじめたのか。その理由は幼少のころから虚弱な体質だったからである。そのため強くなりたいと思い、東京大学に入学したのを機に柔術を習うことにした。そしてようやく探し当てた天神真楊流の福田八之助に弟子入りし、師の死後はその師である宗家三代目の磯又右衛門正智にも師事し、さらに飯久保恒年の下で起倒流柔術も学んだ。その頃、訪日したグラント前米国大統領の歓迎演武には、師の磯又右衛門正智とともに参加し、乱取りを披露している。

天神真楊流の稽古は平服での組討技を特色としており、咽喉をしめる、逆をとる、押し伏せるなど、当身技・関節技が中心だった。これに対して、起倒流の稽古は鎧を付けての組討技、特に投げ技を主体にしていた。天神真楊流にも投げ（巴投、足払い、腰投げなど）はあったが、起倒流とは技の掛け方が違っていた。

講道館柔道の誕生

嘉納は柔術の稽古に励むうちに、相手の身体を崩してから技をかけるとよく利くことに気がつき、その技術を会得して免許皆伝を受けた。また、健康が増進するにつれて精神状態も落ち着き、自制心が強くなることも自覚した。他のいろいろな運動も試みたが、短時間で狭い場所でもできる身体鍛錬としては、柔術ほど効果の高いものはなかった。それに加えて、柔術の練習を通じた知的訓練は、何事にも応用できる貴重な経験にもなると思われた。

こうした体験に基づいて、嘉納は、教え方にもっと工夫を加えれば、柔術は武術としてだけでなく、知育、体育、徳育としても大いに役立つことを確信するようになり、これを広く普及させようと決心するのである。

こうして嘉納治五郎は、大学卒業後の一八八二（明治一五）年、下谷区（現・台東区）北稲荷町の永昌寺の書院と付属室を借りて、自ら形や乱取りの稽古をしながら、書生たちにも教え始めた。このとき嘉納は柔術ではなく、「柔道」という言葉を用いた。「まず根本となる道があり、それを応用するのが術である」という考えに基づくものであった。そして、柔道を教授する場所を「講道館」と命名したのである。山岡鉄舟が春風館を開設したのと同じ年のことである。

講道館においては、「道を教えることを本体とし、術は道の応用」として教えた。道を教えるに当たって重視したのは、「講義、乱取、問答」の三本柱であった。だが、現在の柔道は乱取ばかりで、講義や問答は一部の武道専門の大学等ではわずかに残っているかもしれないが、一般にはほとんど忘れ去られている。

柔道という言葉は、それ以前から直心流や起倒流柔術では使われていたことがある。直心流においては、「人が生まれながらに備えている寛柔温和の徳に従って生きること」を意味するものとして「柔道」という言葉を使っていた。しかしそれは稀な例で、世間一般には柔術、柔、あるいは体術という呼称しか使われていなかった。

それに対して嘉納は、前述のように、「根本の道」という意味で「柔道」という言葉を使い始めたのである。それまでは柔術というと喉を絞めたり、関節を挫いたり、あるいは相手を殺したりといった、恐ろしいことをするものと思われていた。そこで嘉納は、講道館で教えるのはそのようなものではないということを理解してもらうために、あえて、柔術ではなく柔道という言い方をしたのである。それだけでなく、「道」は術と違って、どことなく哲学的で、単なるスポーツではないといった気持ちも込められていた。

学校体育の正課となった撃剣・柔術

嘉納治五郎は大学卒業後、学習院に奉職しながら講道館で柔道を教え始めた。だが、はじめのうちは思うように生徒が集まらなかった。当時は中学校における体育の授業は西欧直輸入の体操だけで、撃剣や柔術を正課として取り上げる学校はまだなく、ましてや柔道についてはその名前すら知られていなかったからである。

文部省は一八七八（明治一一）年に体操伝習所を設け、アメリカ人リーランドを招いて、普通体操を学校体操の正課として採用していた。士族階級の間ではこれに対して不満を抱く人も多く、彼らの強い要望により、撃剣や柔術などを採用する学校も現れてはきたが、まだ正課にはなっていなかった。そこで、撃剣や柔術を学校の正課として採用するよう政府に対して働きかける動きが出てきた。これを受けて文部省は、一八八三（明治一六）年、体操伝習所に「撃剣及び柔術を学校体操として採用することの適否」を諮問したところ、結果は「不適当」というものだった。その理由は、勝敗を争うことを目的とするようになるからということであった。

しかしその間に一部の大学などでは、柔道の指導も行われ始めていた。柔道を最初に取り入れたのは嘉納が奉職した学習院である。学習院では一八八三（明治一六）年に正課外として柔術の名で講道館柔道の指導が始まり、翌年には正課の科目となって、その後一八八八（明治二一）年に「柔道」の名称が定着することになった。

嘉納は柔道のもつ教育的効果を関係方面に訴え続けた。一八八九（明治二二）年には榎本武揚文部大臣らも出席した大日本教育会で講演し、その中で、柔術ではもっぱら「勝負の法」の練習を目的としていたのに対して、講道館柔道では、「体育、勝負、修心」という三つを明確な目標を掲げていることを強調した。「体育」とは健康法である。「勝負」とは「乱取」を中心とした護身術的な面で、そのため競技をする上で危険な当身技や関節技は排除され、それらは別に「形」としてまとめられた。「修心」とは心胆を練り徳性を涵養することである。

こうして嘉納は、柔道には知育、徳育、体育としての価値があることを強調し、学校教育に柔道を取り入れることによって、知識に傾きがちな教育の欠点を補うことができると訴えた。そのねらいは、「体育、勝負、修心」を通じて、「人の為に尽くして己を顧みず、世の為に謀りて家を思わず」、すなわち「世のため人のために尽くす」人間を育てることにあった。

こうした努力が実を結び、学習院に続いて、海軍兵学校、帝国大学、海軍大学、慶應義塾などでも柔道部が設立され、嘉納の高弟による指導の下、熱心に稽古が行われるようになった。

その頃、つまり明治後期は、明治前期の極端な欧化主義への反省から、日本古来の思想文化を再評価する動きが出てきた時期でもあった。そうした中で、日清・日露の両戦争を経験して、「撃剣及柔術」が若者の心身の鍛錬に効果があることが認められるようになり、一九一一（明治四四）年、ついに「撃剣及柔術」が中学校の体操の正課として位置づけられた。一九三一（昭和六）年には、それが必修となった。

こうして、大学を中心に柔道部が活躍し、さらに柔道が中学校における体操の正課として位置付けられたことで、柔道は、柔術をもとにしながら近代スポーツの考え方を取り入れた新しい武道として一気に普及することになった。

柔道は柔術とどう違うのか

　では嘉納治五郎が創始した柔道は、柔術とどう違っていたのか。術から道になって具体的に何がどのように変わったのだろうか。

　最も大きな変化は、近代スポーツの考え方に基づいて、互いに技の優劣を競い合う「乱取」という試合形式を取り入れたことである。それまでの柔術は自己鍛錬と人格陶冶が目的で、楽しむためのものではなかった。もちろん試合はなかった。嘉納はそこに試合というゲーム性を導入して、学校体育としての柔道を広めようとしたのである。

　そのために、「乱取」においては危険な技（喉絞め、当身技、関節技など）は使用禁止とした。その上で、投技では相手を「仰向けに」「はずみをもって」倒すことを一本の条件にし、またそれまではなかった抑込技を新たに設けた。その一方で、乱取で禁止された危険な当身技や関節技は「形」として稽古させるようにした。こうした工夫を加えた結果、講道館においては、はじめのうちは柔術の形の稽古を中心にしていたが、次第に新しい乱取中心の稽古へと変わっていった。

　それ以前の柔術においても、幕末の頃になると、「請立《うけたち》の残る」形態があった。これは形の稽古を通じて技を確かめ合い、崩しの仕方などを矯正するための稽古法であり、「残り合い」とも呼ばれた。嘉納によれば、「それが発達して乱取りというものができた」とされている。

　講道館では寒稽古も始めた。寒稽古は江戸時代から存在したが、維新後には途絶えてしまった。それを再興し、寒三〇日の間、午前四時から七時、一日も欠かさず出席することを奨励したのである。寒稽古の意義について嘉納は、「寒暑に屈せず、苦痛を忍び、労働に堪えるが如き力を有することは、成功に必要なる条件なり。又困難に遭遇して躊躇逡巡《ちゆうちよしゆんじゆん》せず、却《かえ》って勇気を励まし、之を打勝つ方法を講じ、進まんとして止まざるが如きは、成功に必要なる気象なり」と述べている。暑中稽古も行った。これはそれまでなかったもので、講道館が新たに始めたものである。

段級制度も設けられた。段級の制度は、囲碁や将棋においてはすでに江戸中期からあった。それは家元が駒落ちで対局して挑戦者が勝った場合に与えられるものであった。しかし、武術においては段級制度はなく、入門後に与えられる切紙、目録、免許、皆伝という位階が一般的であった。嘉納はこれに代えて、段級制度を設けたのである。全国共通の段級を定めることによって、どこの道場に行っても同等レベルの者と一緒に稽古できるようになったことは、近代スポーツに不可欠な標準化への第一歩であった。

最初の初段は一八八三（明治一六）年、富田常次郎と西郷四郎（会津藩家老・西郷頼母の養子）に与えられた。この二人に横山作次郎、山下義韶《よしつぐ》を加えた四人は講道館四天王と呼ばれた。彼らの活躍によって、柔道は古来の柔術を圧倒し、その結果、警視庁においても柔道がそれまでの柔術に取って代わることになったのである。

中でも、講道館柔道が世間に認められる大きなきっかけとなったのは、一八八六（明治一九）年に開かれた第二回警視庁武術大会である。このとき講道館の西郷四郎が楊心流柔術の好地圓太郎（照島太郎との説もある）を投げ飛ばして、柔道が一躍注目されることになった。

その後も講道館柔道は楊心流柔術はじめ各流派の選手を圧倒し、全国的に普及していった。それにつれて柔道という名称も、明治三〇年代、つまり一九〇〇年前後から広く知られるようになっていった。これに対して、剣術や撃剣に代わって剣道の名称が定着するのは、一足遅れて一九一〇年代のことである。柔道より遅れたのは、諸流派の間で形の統一化について合意を得るのに時間を要したからであった。

海外に進出した柔道

柔道は早い時期から海外にも伝わった。嘉納自身、前述のように東京大学在学中にグラント前米国大統領に柔術の乱取りを披露していたが、講道館を開設した後、一八八九（明治二二）年には、ヨーロッパ教育事情視察に向かう船上においても柔道を披露して、「柔よく剛を制す」柔道の魅力を伝えていた。一八九三（明治二六）年に小石川区（現在の文京区）下富坂に講道館が新築されると、初めて外国人としてイギリス人が入門し、その後も外国人の門弟が増えていった。

講道館四天王の一人である山下義韶は、海軍大学や慶應義塾の師範として柔道の普及に努めていたが、一九〇三（明治三六）年、アメリカの鉄道王と呼ばれた実業家の招聘で渡米して柔道を指導し、首都ワシントンでも人脈を広げた。その間にスポーツ愛好家として知られたセオドア・ルーズベルト大統領の招きでホワイトハウスを訪れ、アメリカ人プロレスラーと他流試合を行っている。試合では、山下が自分よりはるかに大きいレスラーを関節技で抑え込んで降参させた。これを見た大統領は、翌日、山下から柔道の手ほどきを受けてすっかり柔道の魅力に取りつかれ、山下をアナポリスの海軍兵学校の柔道教官に採用するとともに、ホワイトハウスにも柔道場を設けて、自ら山下の指導を受けるほどの熱の入れようであった。

その半年後には、同じく四天王の一人である富田常次郎を団長とする柔道使節が渡米して、シアトルを中心に北米各地で七年間にわたり柔道の普及活動を行っている。その一員として参加した前田光世《みつよ》は、アメリカ全土でボクサーやレスラー、拳法家などと戦って無敗を誇った後、メキシコやヨーロッパなどでも異種格闘技を行った末、ブラジルに渡ってグレイシー一族に柔術を教え、その後はブラジルに帰化してコンデ・コマを名乗った。

そのほかにも、講道館柔道だけでなく、古流柔術系の武術家で海外に渡って指導を始めた人も少なくない。

海外進出といえば、大相撲でも、明治期を代表する名横綱で、好敵手梅ヶ谷とともに大相撲の人気を高め、国技館開設の機運を盛り上げた常陸山谷右衛門が、一九〇七（明治四〇）年に弟子三人とともに七ヶ月間の欧米旅行に出かけている。アメリカではセオドア・ルーズベルト大統領とも会見して、ホワイトハウスで土俵入りを披露した。常陸山は旧水戸藩士の長男であるだけに「力士は侍」との思いが人一倍強く、日頃から武士道精神を唱えて、力士の品位を向上させる努力を怠らなかった。

武道振興のメッカとなった大日本武徳会

「撃剣及柔術」が学校教育の中に取り入れられたことは、その後の武道の発展に大きく貢献した。他方、それを国民的な武道として広く一般社会に普及させる原動力となったのは大日本武徳会の存在であった。

大日本武徳会とは、講道館に対抗して古流武術が結束し、一八九五（明治二八）年に平安京遷都一一〇〇年を記念して京都に設立された財団法人であり、武術教育による精神鍛錬とそれを支える団体の組織化を目的とした、いわば各種武道の総本山である。武徳会の府県支部長には府県知事が就任し、郡支部長には郡長が、市町村支部長には市町村長が就任するなど、政府との関わりが非常に強く、警察を中心とした内務省の地方組織を活用して会員を増やしながら、全国組織として活発な活動を展開した。

発足記念の演武会に参加したのは六六七人（剣術三三八、柔術一一七、弓術一一四、槍術一七、薙刀一四人）で、当初一八〇〇人足らずだった会員数は、一二年後には一〇万人、一〇年後には一〇〇万人を超え、財団法人となった一九〇九（明治四二）年には一五一万人を数えた。さらに一九二一（大正一〇）年には二〇〇万人、日中戦争下の一九三七（昭和一二）年には三〇〇万人と会員数を増やしていった。

大日本武徳会本部に建設された演武場は、平安時代の大内裏（平安宮）にあった武徳殿にちなんで「武徳殿」と名付けられ、全国各地に建設された支部道場も本部に倣って武徳殿と名付けられた。

大日本武徳会は武術家を優遇するために範士、教士、錬士の称号も設けた。学校教育における武道教員の養成にも力を入れ、一九〇五（明治三八）年に設立した武術教員養成所は、一九一二（明治四五）年には武術専門学校（通称「武専」）となった。

その頃になると、学校教育や警察の訓練においては、それまでの柔術・剣術に代わって柔道・剣道が取り入れられるようになった。それを受けて、大日本武徳会は、一九一九（大正八）年に武術専門学校の名称を武道専門学校と改め、同時に、柔術は柔道に、剣術は剣道に、弓術は弓道に、それぞれ改称している。段位についても、柔道では講道館が段位を発行しているが、剣道と弓道については大日本武徳会が段位を発行することになった。こうして大日本武徳会は、戦前における日本の武道振興に中心的な役割を果たす組織として活動を広げていった。

一九二二（大正一一）年に沖縄から本土に伝わった空手も、嘉納治五郎の後押しを得て一九三三（昭和八）年には大日本武徳会の柔道部門の一部として認められ、日本の武道の仲間入りを果たした。ただし、空手は柔道や剣道などとは違ってまだ武道としての歴史が浅くて、指導者も少なく、学校の正課にも採用されていなかったので、戦前の日本においては広く普及するには至らなかった。

合気道と少林寺拳法の場合

嘉納治五郎の講道館柔道とは別に、それに近い武道としては、合気道や少林寺拳法がある。それらはいつどのようにして誕生したのだろうか。

合気道の創始者である植芝盛平《うえしばもりへい》（一八八三～一九六九）は和歌山県に生まれ、天神真楊流柔術・神陰流剣術はじめ各種武術を学んだ後、大正年間に北海道に渡って開拓に従事していたが、そこで武田惣角《たけだそうかく》（一八五九～一九四三）に出会った。武田は会津藩出身の武芸者で、明治後期になって北海道を中心に各地で講習会を開いて大東流合気柔術の技法を伝えていたのである。

こうして植芝は武田惣角から大東流合気柔術を学ぶことになり、開眼を得て合気道を創始し、一九三一（昭和六）年に東京牛込（現在の新宿区）に皇武館道場（現・合気道本部道場）を設立して、皇族・軍人・実業家・武道家の子弟らを対象に指導を始めた。その頃、道場に植芝を訪ねてきた嘉納治五郎は、その技を見て、「これこそ私が理想としていた武道、すなわち正真正銘の柔道である」と言ったという。

植芝は合気道の理念を「和合の武道」「武は愛なり」などの言葉で説明した。現在でも本部道場にはこの開祖が遺した「合気道練習場の心得」が掲げられているが、その中に「合気道は心身を練磨し至誠の人を作るを目的とし」とある。これについて「至誠の人とはどんな相手に対しても真心を持って接することができる人のこと」だと第三代道主植芝守央は説明している。合気道が一般に公開されるようになるのは戦後になってからだが、今日、合気道は試合を行わない武道として、世界の一四〇以上の国や地域で愛好されている。

少林寺拳法は、久留米藩士の祖父を頼って満州に移住した宗道臣《そうどうしん》（一九一一～一九八〇、旧姓中野理男）が、中国大陸で会得した各種の武術をもとに敗戦後の日本で一九四七（昭和二二）年に創始した日本の武道である。少林寺拳法は宗教的側面と社会教育的側面の両面を備えた武道であるが、中国武術の少林寺とは関係がない。

以上見てきたように、日本の武道は、日清・日露戦争後の明治末期にそれまでの伝統的な武術をもとに成立したが、武術から武道へと発展する過程においては、西洋伝来の近代スポーツの影響を受けながら、優劣を競い合う試合形式も取り入れられるようになってきた。次章においては武道がスポーツからどのような影響を受けてきたのか、その状況をもう少し詳しく見てみよう。

第4章

武道はスポーツから
どのような影響を受けたのか

技法や稽古法の体系化

武道の第二の特徴は、「体系化された技法や稽古法」を有することであった。これは近代スポーツの考え方を取り入れたものと言える。

嘉納治五郎は、柔道を単に柔術の延長線上ではなく、「体育、勝負、修心」を目的とする新しい概念でとらえていた。そして、特に「勝負」の観点から、西洋伝来の近代スポーツの考え方を導入し、一定のルールに基づいて安全に稽古や試合ができる講道館柔道という新しい武道を創始したのである。その経緯については前章においても述べてきたとおりであるが、これは武術のスポーツ化といっていい。

剣道においてはすでに江戸時代から、撃剣と称して、竹刀を用い、防具を着用した実戦的な打込み稽古が行われていた。それをもとに明治以降、近代スポーツの考え方に基づいて標準形を定め、統一ルールによる競技試合の形式を導入することによって、現代の剣道へと発展してきたのである。

ところで、「近代スポーツの考え方を取り入れた」という言い方をしたが、そもそもスポーツとは何か。ここでは、日本がどのようにして近代スポーツを受け入れてきたのか、まずその歴史から振り返ってみよう。

近代スポーツはどのようにして誕生したのか

スポーツの語源をたどればラテン語の deportare（デポルターレ）、つまり、あるところから別の場所に運ぶというのが本来の意味である。それが、フランス語の desporter（デスポルテ）を経て、英語の disport となって、「気分を転じさせる」「楽しませる」といった意味合いで用いられるようになり、そこから sport（スポーツ）となった。その定義にピッタリ合うのが、貴族の遊戯としての狩猟活動であった。

しかし近代になると、単なる遊戯や娯楽から「真面目な遊び」へと変わっていく。そして一九世紀の英国において、一定のルールに基づいて勝敗を競い合うといった競技的な性格を帯びたゲームや運動が盛んになる。それに伴い、フットボールに始まって、各種のスポーツ競技において、ルールを統一するための統括団体が設立され、多くの近代スポーツが誕生するとともに、イギリスの海外進出に伴って、世界中に広まっていった。

これらの近代スポーツは、体育的な効用に加えて、ルールを守る習慣、フェアプレーの精神、自制心や協調性の涵養《かんよう》など、人格形成面でも重要な役割を果たすことが認められたことから、イギリスのラグビー、イートン、ハーローなどといったパブリックスクールをはじめ、大学や高校などの課外活動として広まることになった。アメリカでも野球やアメリカンフットボール、バスケットボールなどの競技が誕生し、大学などを中心に広まっていった。

一九世紀末には、フランスのピエール・ド・クーベルタン男爵がスポーツの教育的効果に着目して古代オリンピックの復活を提案した。クーベルタンはかつてイギリスのラグビー校を訪問したことがあり、その際に、自身もラグビー競技に取りつかれてプレーを始めたという経験の持ち主である。その経験から彼は、一八一五年のワーテルローの戦いでイギリス軍がナポレオン一世の率いるフランス軍に勝ったのは、パブリックスクールで行われていた心身ともに鍛える教育の成果だと考えるようになった。そこで、彼は古代オリンピックの復活を提案し、それを受けて各国で、といっても当時はヨーロッパだけだが、オリンピック委員会が設立され、近代スポーツの組織化が促進されることになったのである。

スポーツの定義の仕方はいろいろあるだろうが、広辞苑によれば「陸上競技・野球・テニス・水泳・ボートレースなどから登山・狩猟などにいたるまで、遊戯・競争・肉体的鍛錬の要素を含む身体運動の総称」とされている。さらに、二〇一一(平成二三)年に制定された「スポーツ基本法」では、スポーツを「心身の健全な発達、健康及び体力の保持増進、精神的な充足感の獲得、自律心その他の精神の涵養《かんよう》等のために個人又は集団で行われる運動競技その他の身体活動」と定義している。

このことからも明らかなように、今日では、スポーツという言葉はあらゆる身体運動を含んだ幅広い概念として用いられるようになってきた。この流れに沿って、二〇一五(平成二七)年にはスポーツ庁が発足し、二〇一八(平成三〇)年には日本体育協会が日本スポーツ協会と名称を改めている。そのうちに国民体育大会も国民スポーツ大会となる日が来るのであろう。

日本に伝わってきた近代スポーツ

西洋におけるスポーツの組織化の影響は、幕末の開国後の日本にも押し寄せてきた。特に明治時代になると、急速な近代化政策の推進に伴い、横浜や神戸などの外人居留地やお雇い外国人などを通じて、西洋発祥の各種のスポーツが日本にも伝わってきた。その主たる受け皿となったのは、当時の大学・高等学校・専門学校などの高等教育機関であった。

日本の近代スポーツは、まず、第一高等学校（旧制一高、現在の東京大学教養学部）と帝国大学（現在の東京大学）で花を開き、他の高等学校や大学の運動部へと広がっていった。帝国大学では、一八八六（明治一九）年の創設当初から帝国大学運動会という組織が設けられ、明治末期までには、伝統的な撃剣会（後の剣道部）、弓術部と並んで、水泳部、漕艇（ボートのこと）部、陸上運動部、硬式庭球部が創設され、その後も、野球部、ア式蹴球（サッカーのこと）部、ラグビー部などが創設されていった。

慶応義塾においても、一八九二（明治二五）年に体育会が発足し、明治末期までに剣術部、柔術部、弓術部と並んで、端艇（ボートのこと）部、野球部、庭球部、水泳部、蹴球（ラグビーのこと）部が加入、その後も、競走部はじめ近代スポーツの各部が創設されていった。

東京帝国大学に野球部が創設されたのは一九一九（大正八）年になってからだが、実は日本における野球の歴史はもっと古く、一八七三（明治六）年にアメリカ人ホーレス・ウィルソンによって開成学校に伝えられたのが最初である。開成学校の本科は後の東京大学だが、予科は後の第一高等学校、つまり旧制一高である。こうして、明治末期に慶應義塾と早稲田大学が台頭するまでは、旧制一高が初期の日本野球界をリードすることになった。ただし、当時の一高の選手たちは大学に進学すると野球を続けなかったため、東京帝国大学における野球部創設が遅れたのである。

このようにして日本では、明治中期に、柔術や剣術などと並んで、早い時期から野球、ボート、水泳、陸上、テニス、サッカー、ラグビーなどの近代スポーツが、大学を中心とした高等教育機関の課外活動に取り入れられるようになり、そこで育った教師たちを通じて旧制中学校にも広まっていった。

大正時代になると、学校対抗の試合も盛んに行われるようになった。野球では一九〇三（明治三六）年に慶應義塾と早稲田大学との大学対抗が始まっていたが、一九二五（大正一四）年になると東京六大学野球連盟が発足した。夏の甲子園の前身である全国中等学校優勝野球大会（甲子園）は一九一五（大正四）年から始まっている。一九一八（大正七）年には、全国高等学校サッカー選手権大会および全国高等学校ラグビーフットボール大会（花園）も始まった。今や正月恒例となっている大学箱根駅伝が始まったのは一九二〇（大正九）年、全国大学ラグビーフットボール選手権大会の前身である東西大学対抗ラグビーが始まったのは一九二五（大正一四）年のことである。

オリンピックへの参加

その一方で、オリンピックにおいては、初めて参加した一九一二（明治四五）年のストックホルム大会では、陸上短距離の三島弥彦（東京帝国大学生）とマラソンの金栗四三（東京高等師範学校生）の二人が選手として参加し、惨敗に終わったものの、第一次大戦後に開かれた一九二〇（大正九）年のアントワープ大会では、テニス男子シングルスで熊谷一弥（慶應義塾大学卒）が銀メダル、ダブルスでも熊谷一弥・柏尾誠一郎（東京高等商業学校・現一橋大学卒）組が銀メダルを獲得している。

文部省主催の第一回運動体育展覧会が開催されたのはその二年後のことであった。それからさらに二年、関東大震災直後の一九二四（大正一三）年に開かれたパリ大会では広島高等師範学校臨時教員養成所生の織田幹雄が三段跳びで六位に入賞した。四年後のアムステルダム大会では、早稲田大学に進学した織田が三段跳びで日本人初めての金メダルを獲得し、競泳二〇〇m平泳ぎでも海軍佐世保海兵団を経て報知新聞社に所属していた鶴田義行が金メダルに輝いたのである。このアムステルダム大会では、初めて陸上競技に女子種目が採用され、日本からは二階堂体操塾（現・日本女子体育大学）を卒業して大阪毎日新聞社に所属していた人見絹枝が出場した。

当時の人見はすでに国際競技大会で個人総合一位になるなど、世界の第一人者となっていた。しかし優勝を狙った一〇〇mでメダルを逃してしまい、「このままでは日本に帰れない」と覚悟を決めて、それまでレース経験のなかった八〇〇mに挑戦したのである。四位を走っていた人見は、ラスト二〇〇mで三位を抜き、残り一〇〇mで二位を抜いてゴールしたが、その先の記憶はなかった。気がついたときには織田らに抱えられてフィールドに運ばれていた。気力で勝ち取った銀メダルだった。

次のロサンゼルス大会では、日本は競泳男子六種目中の五種目、および陸上三段跳びと馬術で金メダルを獲得するなど大活躍をし、続くベルリン大会でも競泳四種目、陸上三段跳び、マラソンで金メダルを獲得して国威を発揚した。

日本的スポーツの特徴

こうして近代スポーツが日本国内に普及していったが、同じスポーツでも、日本においては、西洋におけるようなスポーツを楽しむといった遊戯的要素は乏しい。特に初期の選手たちに見られるのは、むしろ武士道精神であり、大和魂であった。

その背景としては、日本においては明治維新後も伝統的な尚武の精神が根をおろしていたことが挙げられるだろう。西洋伝来の近代スポーツも、武術から発展した武道と同じように、主として旧士族を中心とする学歴エリートの間で受け入れられ、学校対抗戦を中心として、心身の鍛錬および人格陶冶を目指す「日本的アマチュアスポーツ」として発展していったのである。

その一方で、国を挙げて西洋に追いつくための近代化政策が進められる中、オリンピックにも参加することになったが、そのオリンピックも、スポーツを通じた国威発揚の場としてとらえる傾向が強かったことを指摘しなければならない。

オリンピックは参加することに意義があるとも言われるが、そうはいっても参加するからには勝つことを目指してベストを尽すのは当然のことで、そのことを批判するのは当たらない。だが勝つことがすべてといった「勝利至上主義」の考え方に陥ってしまっては本末転倒である。そのために健康を損ねたりしたのではスポーツ精神にも反するであろう。

スポーツの基本は楽しむことである。楽しみながらルールを守り、協調性やフェアープレーの精神を学び、忍耐と努力の習慣を身につけるのが、スポーツ本来の姿である。

もちろん、スポーツの楽しみ方は人さまざまだ。若い時には競技大会に参加することを目標にしていた人でも、第一線を退いたあとは指導者として活躍したり、自分の経験を生かしてスポーツ関係の仕事についたりする例が多い。あるいはまた、スポーツで心身を鍛えたうえで、医者や弁護士や外交官などまったく別の分野の専門知識を身につけて活躍する人もいる。このようにスポーツはさまざまな形で私たちの人生を豊かにしてくれる。試合で勝つことは、スポーツに備わった楽しみの一つにしかすぎないのだ。

競技スポーツ化した武術

明治末期から西洋外来のスポーツが移入されると、日本古来の武術もその影響を受けた。その結果、ルールや内容の比較検討が行われ、武術は競技化への道を歩みはじめ、全国的な広がりをもつ武道として普及していった。その先鞭をつけたのが嘉納治五郎の柔道であり、大正時代になると、大学、高等学校、専門学校の柔道部による対抗試合などが開かれるようになった。

一九一四（大正三）年には、京都帝大の主催で第一回全国高等学校専門学校柔道大会（通称「高専大会」）が開催された。この時の参加校は四高（金沢）、六高（岡山）、七高（鹿児島の造士館）の三校のみだったが、翌年は三高（京都）、五高（熊本）も参加、その後は高等学校だけでなく専門学校、大学予科も加わって、年々規模が拡大していく。一九二六（大正一五）年以降は、東京、京都、東北、九州の四帝大柔道連盟が運営するようになり、その後はさらに、北海道、名古屋、大阪にも帝大が創設されて七帝大柔道連盟の主催となった。

武術の競技化は、弓道や剣道においても同じで、一九二五年（大正一四）に第一回日本学生弓道選手権大会、一九二八（昭和三）年に第一回全国大学高等専門学校剣道大会が開催されている。

こうした武道の競技大会は、学生たちの参加意欲を高めることになった。それだけでなく、大会を目指して厳しい練習に取り組み、切磋琢磨することは、学生たちの心身を鍛え、忍耐と努力の習慣を身につけさせる効果もあり、他者に対する思いやりや感謝・尊敬の念を養い、人格形成にもつながっていく。武道はこうした精神性や人間性の涵養を目指すものとして、富国強兵を目指す国策とも合致することから、中学校の体育にも正課として採用されるようになり、武道人口がさらに増えていくことになった。

船越義珍が沖縄の唐手を本土に紹介したのは、そのような時期であった。そうした中で、空手も大学を中心に徐々に広まり、形の稽古にとどまることなく、組手試合の実現に向けて様々な試行錯誤の研究が行われるようになるのである。

講道館ルールと高専ルール

ところで、柔道の試合においては、高専大会のルールは講道館ルールとは異なっており、高専ルールと呼ばれていた。そして年々参加校が増えるとともに、この高専ルールによる柔道大会が全国的な広がりをもつ大会となる。その結果、戦前の柔道界では、嘉納の講道館柔道、大日本武徳会を中心とした古流柔術色の濃い柔道、それに帝大柔道連盟主催の高専柔道という三つの系統が、並立して技を競い合うことになった。このうち講道館柔道は立ち技が中心で、高専柔道は寝技を特徴としていた。

高専ルールは、次のような点で講道館ルールと異なっていた。

・有効などの細かいポイントがなく、勝負を決めるのは「一本勝ち」のみ。
・寝技への「引き込み」が許されている。そのため寝技が多い。
・場外がない。審判が「そのまま」を宣し、選手を組み合ったままの姿勢で真ん中に引きずってきて試合を再開する。
・「待て」がない。試合終了まで延々と戦う。

その結果、決まり技のほとんどが寝技となっていった。立ち技だとわずかな隙をつかれて投げられたり、こちらから技をかけるとそれを返されたりすることがある。そのため選手たちは、母校の勝利のためには勝つ柔道よりも、負けない柔道を追求するようになり、その結果、ひたすら寝技を研究するようになった。

こうした戦法は、柔道に要求される「体育、勝負、修心」とはかけ離れていると考えた嘉治五郎は、一九二四（大正一三）年から武徳会と講道館の幹部らと相談して審判規程の改正に取組み、立ち技を重視する柔道を復活させようとした。だが帝大側はこれになかなか応じず、嘉納らの提案が受け入れられて寝技への引き込みが禁じられるのは、一九二七（昭和二）年になってからであった。

昭和一〇年代、つまり一九三〇年代半ばから戦後にかけて無敵を誇り、「木村の前に木村なし。木村のあとに木村なし」とまで言われた木村政彦は、中学までは武徳会の立ち技中心の柔道を学んだが、拓殖大学予科への進学とともに高専大会に出場することになり、そのために徹底的に寝技を研究したという。このように現在の柔道の寝技の技術は、そのほとんどが高専柔道で開発されたものであり、それを、後に武徳会や講道館の体力のある柔道家たちが真似し吸収して、現在に至っているのである。

だが、その高専大会も、一九四一（昭和一六）年には戦局のために中止になり、一九三〇（昭和五）年に嘉納の発案で始まった全日本柔道選士権大会も、一九四二（昭和一七）年から姿を消してしまった。

戦時下の大日本武徳会

一方、大日本武徳会は、日米開戦直後の一九四二（昭和一七）年、政府の武道振興政策に協力する武道総合団体として、新たに総理大臣を会長とし、事務所を厚生省内に置く新しい大日本武徳会（新武徳会）へと生まれ変わった。その目的は「武道の振興を図り皇国民の錬成に資する」ことであった。一九一一（明治四四）年に嘉納治五郎を会長として発足した大日本体育協会も、戦時下には政府の外郭団体となって財団法人大日本体育会へと改組された。

こうして、戦時中の武道は新しい大日本武徳会の下で、戦時下における皇国民の錬成を目指すものとなり、軍国主義の波に乗って、国威発揚のために利用され、本来の武道精神やスポーツ精神からはかけ離れてしまった。

そのため戦後になると、連合国最高司令官総司令部（ＧＨＱ）により学校における武道が禁止され、大日本武徳会は解散させられ、付属の武道専門学校も廃校となったのである。

柔道におけるスポーツ化と国際化

戦後の復興期を迎えて、一九四六（昭和二一）年から国民体育大会が開催されることになった。それとともに、財団法人大日本体育会は民間団体に戻って日本体育協会（現・日本スポーツ協会）となった。

そうした状況の中で、戦時下の武道のあり方を反省し、スポーツとしての武道の復活を求める声が高まった。それを受けて、一九五〇（昭和二五）年に天野貞祐文部大臣からＧＨＱに嘆願書が出されて武道が復活する。その結果、当然のことながら武道のスポーツとしての側面がそれまで以上に強調されることになり、柔道も健全なスポーツとして誰もが楽しめるものとなった。

その一方で、大日本武徳会が解散させられ、学制改革によって旧制高等学校・専門学校・予科が消滅したため、戦後の柔道界を支えるのは講道館だけになってしまった。さらに、それと表裏一体の全日本柔道連盟（全柔連）が設立されて、試合のルールは講道館ルールに一本化されることになった。そのため、戦前の大日本武徳会の古流柔術や、寝技中心の高専柔道の受け皿がなくなってしまった。今では旧制帝国大学が七大戦と称して高専ルールによる柔道を実施しているのみである。

他方、その後の国際化の流れの中で、柔道は一九六四（昭和三九）年の東京大会からオリンピック種目にも採用されることになった。この時は講道館ルールが適用されたが、その後は国際柔道連盟の力が強くなり、国際試合はもちろん、一部の国内大会においても、国際ルールが適用されるようになった。その結果、今日の柔道は、競技スポーツとして、攻撃性や積極性や観衆にとっての分かりやすさなどを重視する立場から、投げ技が中心となり、下半身への攻撃は反則とされるなど、当初の柔道にあった実戦性を重視する技の多くが忘れ去られ、消滅しようとしているとも言われている。

こうした現状について、『木村政彦はなぜ力道山を殺さなかったのか』を著わした北大柔道部出身の作家・増田俊也は、「かつての幅広い奥深い柔道はなくなり、国際ルールだけの柔道となりつつある」と述べて危機感を表明している。

本章では日本の伝統武術がスポーツの考え方を取り入れながら現代の武道へと進化していった過程を振り返ってきた。ではそのような時期に沖縄から伝来した空手の場合、スポーツ化はどのような経過を辿ったのだろうか。次章では空手がスポーツ化していった過程を振り返ってみよう。

第5章

空手におけるスポーツ化はどのように進展したのか

形の体系化

空手におけるスポーツ化はどのようにして進展したのだろうか。すでに述べたように、一九二二（大正一一）年に上京した船越義珍は『琉球拳法唐手』を著して、日本で初めて唐手術を図解入りで体系的に解説した。

その中で船越が紹介した空手は、それ以前から沖縄の学校体育の正課に採用されていたものが主である。そこには教育目的に反するような危険な技や反社会的な技は禁手として排除されていた。その一方で、学校体育のために新たに創案された運動量が多く体育的効果の高い形が含まれていた。その意味では、武道の第二の特徴である「体系化された技法や稽古法」としての近代スポーツの考え方が、はじめから取り入れられていたことになる。すなわち、空手における スポーツ化は、沖縄の学校体育に採用された一九〇五（明治三八）年の時点ですでに第一歩を踏み出していたのである。

船越義珍が本土に伝えた空手は形の稽古を中心とするものであった。柔道や剣道にも形があるが、それは二人一組で練習するものであるのに対して、空手の形は単独で演じるものである。もちろん単独とは言っても、すべての形は相手の存在を想定している。ただし、それは現実に存在する相手ではなく、仮想の相手なのである。

それだけに、形の練習だけでは、自分の技が実際に効くのかどうかわからないという問題が出てくる。護身術とはいいながら、いざという時に本当に身を守れるのだろうか。そういった実用性に対する疑問が出てくるのは無理もない。

船越義珍が東京で空手の普及に乗り出した頃、すでに柔道においては乱取稽古が行われていた。剣道では防具を着用した竹刀試合が人気を集めていた。こうして競技スポーツ化が進み、学校対抗試合が盛んに行われるようなっていただけに、船越の弟子たちも形だけの稽古には飽き足らず、実戦的な組手試合を求めるようになっていったのである。大学の中では特に東京帝国大学の空手部が試合化に熱心であった。

だが、組手試合の実現には、高いハードルが存在した。空手は剛術なので、急所を攻められたらすぐに致命傷となってしまい、試合ができなくなってしまう。そのために、これまで空手に階級をつけることがむずかしいとされていたのだが、この点に関して、船越義珍は次のように考えていた。剣術もかつては真剣であれ木刀であれ、試合は命を賭けて戦うものだった。それが今では「面や小手道具ができたので、剣道としては幾分堕落したが、それだけ武術より運動に接近した」と言える。このことから、空手も「防具を備え、急所を禁じてやるようになれば、或は身支度の如何によっては柔剣道と同じく階級をつけることが出来ないとも限らない。又是非そこまで進展していかなければならないと思う」（『錬膽護身唐手術』）と。すなわち、技の優劣を判断するためには、何らかの方法で組手という形式を導入する必要があると考えていたのだ。

組手試合に慎重だった船越義珍

このような状況下で、初期の弟子である大塚博紀（神道揚心流柔術家）や小西康裕（慶應義塾

船越義珍による演武
（日本空手協会提供）

大学剣道部師範）たちは、空手においても柔道の乱取りに相当する稽古ができないかと真剣に考え、自分たちが学んでいた神道揚心流柔術や竹内流柔術などの様式を参考にしながら、組手の導入に向けた研究を進めた。

形を大事にしていた船越は、組手の導入には慎重であった。しかしその一方で、組手に走りたくなる若者たちの気持ちも理解できた。とはいえ、そうかといって自由に組手の試合をさせると、勝ち負けにこだわるようになって、形の基本が失われてしまいかねない。それでは本来の空手ではなくなってしまうだろう。問題はいかにして形と組手が乖離しないようにするかである。

そこで、船越が考えたのは、一挙に組手試合形式を導入するのではなく、組手の基本的な動作を類型化した約束組手を制定することだった。まず組手の基本動作をしっかり身につけ、そのうえで、次の段階として組手試合へと移行していくことを考えたのである。

こうして松濤館流の空手に初めて約束組手が誕生した。一九三五（昭和一〇）年に刊行された『空手道教範』において、船越は、それまでの形の基本に加えて、新たに組手を取り上げた。その中では、組手の技を、組手基本（上段受、中段受、下段受）、二段変化、三段変化、居合、投技、武器対応（短刀捕・太刀捕・棒捕）に類型化して、それぞれの基本動作を体系化し、写真入りで詳細な解説を加えている。そのもとになったのは大塚や小西による研究であり、中でも居合技、投技、短刀捕・太刀捕などは大塚博紀の神道揚心流柔術から取り入れたものといわれる。

そのうえで、船越は、「組手といふのは型を離れてあるべきものではなく、すべて型の応用なのであるから、組手のために型を乱す様な事があってはならない。とかく組手に熱中すると型が悪くなる傾きがあるが、空手は飽くまで型を主とし、組手を従として稽古すべきである」と説いた。大塚らはさらに自由組手を導入しようと提案したが、これには船越が強く反対した。だが、それでも組手試合の導入に向けた動きが止むことはなかった。

組手試合の導入に向けた研究

空手の試合化を実現するうえでの最大の課題は、安全性の確保であった。技の安全性については、すでに沖縄で学校体育に取り入れられた時点で、少なくとも学校体育の唐手としては、危険な技（急所攻撃、目潰しなど）が禁手とされるなどの改善がなされていた。また一九三三（昭和八）年に大日本武徳会の柔道部門の一部として空手が公認された際には、柔道との差異化を図るため、柔術的な投技や締技も排除されていた。

残る課題は、一撃の衝撃からどのように身を守るかである。東京帝国大学では船越師範の指導に反して、防具付きの組手試合を始めていた。そのせいかどうかは諸説あるが、一九二九（昭和四）年から船越の指導が受けられなくなっていた。そこで大学では、一九三五（昭和一〇）年、組手試合の導入に熱心な大塚博紀を第三代師範に迎え、それまでの松濤館流から和道流に鞍替えした。

防具使用の試合については、東京大学のほか、大阪の摩文仁賢和、立命館大学の山口剛玄、剛柔流の宮城長順らも研究を進めていた。しかし当時の防具はまだ安全性が十分に確保されておらず、試合で使うには危険であった。そのため、拓殖大学などが中心になって、相手に当てずに直前で止めるいわゆる「寸止め」ルールが創案され、それが次第に各流派に広まって主流を占めるようになった。中でも中心的な役割を果たしたのは、拓殖大学出身で日本空手協会の初代首席師範として戦後の空手の普及発展の基礎を築いた中山正敏であった。

日本空手協会が全国選手権大会を実施

戦後間もない一九四八（昭和二三）年に発足した日本空手協会では、中山正敏らにより「寸止め」ルールに基づく組手の試合形式の検討が進められ、一九五四（昭和二九）年には日本で初めて試合形式を取り入れた関東大学対抗戦が開催された。参加校は駒沢大、日本医大、日大獣医学部の三校であった。一九五七（昭和三二）年一〇月には、空手界として初めての「形」および「組手」の試合による第一回全国空手道選手権大会が東京体育館で開催された。翌一九五八（昭和三三）年、日本空手協会は文部省から空手界で唯一の社団法人として認可された。

一方、一九五〇（昭和二五）年に全流派にわたる二〇数大学が参加して結成された学生空手連盟も、これと歩調を合わせるように、一九五五（昭和三〇）年に「寸止め」ルールの下、拓殖大学、慶應義塾大学、明治大学の三校によるリーグ戦を開催し、一九五七（昭和三二）年一一月には全日本学生空手道連盟と改称して、第一回の全日本学生空手道選手権大会を開催した。こうして空手道の競技化が一気に促進されることになった。

その後、日本空手協会は、初代首席師範に就任した中山正敏の下で、空手の普及を目指して研修生制度を設け、体系的な指導法に基づいて専門指導員を育成して国内外に派遣し、空手道の普及に努めた。それにより、国内外において空手に対する関心が一段と高まり、その結果、空手道は世界中に爆発的な勢いで普及・発展するのである。

なお、ここでは便宜上「寸止め」という表現を用いたが、中山は「寸止め」という言い方を好まなかった。寸止めとは相手に当たる直前に拳の動きを止めることであり、それではアクセルとブレーキを同時に踏むようなもので、一撃必殺の威力がなくなってしまうというのがその理由である。そこで中山は、「目標の前で止めるのではなく、目標を体の急所の寸前に設定しそこへ最大限の力を爆発させる」のが松濤館空手だと説明した（『月刊空手道』一九七九年二月号）。つまり、相手の直前に的を据え、その的を突き抜くのである。それを中山は「極め」と称した。日本空手協会はこの「極め」の概念を重視し、それを武道空手の本質と捉えている。

スポーツ化への警鐘を鳴らした中山首席師範

中山正敏の功績でもうひとつ忘れてはならないのは空手教授法の改革である。それまでのように師の言葉を聞き、師を真似、自得するという伝統的な訓練法を改めて、科学的、体系的な

中山正敏
（日本空手協会提供）

教授法を編み出したのだ。その著書『空手道新教程』や『ベスト空手』は、今でも国内外を問わず広く読み継がれている。

中山は組手試合の導入に努力したが、先人の知恵が詰まった攻防技術のエッセンスである形を疎かにはしなかった。日本空手協会では、今日においても組手試合と併行して形の試合が行われ、基本・形・組手の三位一体による稽古体系が確立している。その一方で、中山は、試合を中心とした空手道のスポーツ化に伴う弊害に対しては、早い時期から危機感を抱き、警鐘を鳴らしていた。一九六六（昭和四一）年に表した『空手道新教程』のはしがきにおいて、中山は新教程の執筆に踏み切った動機を次のように説明している。

「近時空手道はスポーツとして興味ある試合が盛んになりつつあります。これは空手道の、新しいジャンルの開拓という意味で大変喜ばしいことですが、反面、試合に勝ちさえすればよいという安易な考えから、ポイント主義に堕し、空手道特有の鋭い冴えと、威力ある決めが少なくなりつつあるのは非常に残念です。試合そのものも豪快な一本勝による痛快な勝負がなくなるのを憂えます。まして空手道は単に試合に勝つためばかりの格技ではなく、武道的見地からも究極の目的がきびしく己を律し、汗の中から高邁な人格を養成するためのものであることに思いをいたせば、尚いっそう、根本的に正しい練習に努力を傾ける必要があると思ったからです」

それから半世紀を経た今日、空手は世界中に広まり、スポーツ化の傾向はより一層顕著になっている。それだけに、空手道を志す人たちは、中山正敏の警鐘に真摯に耳を傾け、正しい練習を心掛けなければならないであろう。日本武道協議会の武道憲章も、「我々は、単なる技術の修練や勝敗の結果にのみおぼれず、武道の真髄から逸脱することのないよう自省」しなければならないと述べているのである。

世界に広まった多様な流派空手

空手を海外に初めて紹介したのは、沖縄県師範学校で唐手の指導をしていた屋部憲通であった。一九世紀末、明治政府の下で日本の海外移民が始まると、沖縄県からも大勢海外に移住することになり、第二次世界大戦までの半世紀足らずの間に七万人以上の沖縄県人が主として南北アメリカ大陸に渡ったとされている。屋部は一九一九（大正八）年、アメリカに移住した長男を訪ねて渡米し、八年間滞在して、ロサンゼルスとハワイにおいて演武を披露した。その後、一九三四（昭和九）年には、宮城長順がハワイの沖縄県人が経営する邦字新聞社から招かれて、半年間にわたって剛柔流を指導した。しかし、それ以上の組織的な広がりは見られなかった。

戦後になると、連合国最高司令官総司令部（ＧＨＱ）による武道禁止令により、剣道、柔道とともに空手の稽古も禁止されてしまった。しかし、空手については、沖縄県師範学校から早稲田大学に進学し、当時早稲田大学教授だった大濱信泉（後に総長）が、ＧＨＱや文部省と交渉した結果、戦前は空手が大日本武徳会の柔道部門の一部として陰に隠れていたことも幸いして、終戦から二年後の一九四七（昭和二二）年には、大学の空手部が他の武道部に先駆けて復活を果たした。

その後、占領下の日本において、米空軍体育指導員に対する空手指導が行われるようになると、一九四八（昭和二三）年に創設されたばかりの日本空手協会から指導者を派遣することになり、多くの学生たちが国内各地の基地を回って演武を披露した。また、沖縄においては、米軍基地に勤める軍人・軍属の中で空手道場に通って稽古を始める者も多く、その中から帰国後に空手道場を開く者も現れて、アメリカでは空手が一大ブームを巻き起こしていた。

一九五三（昭和二八）年には、米空軍の招きで、柔道家の小谷澄之八段（後に十段）を団長とする日本武道親米使節団が渡米して、アメリカ各地の空軍基地で三か月間にわたり巡回指導をすることになり、柔道のほかに空手からも小幡功（慶大卒）、渡部（鎌田）俊夫（早大卒）、西山英峻（拓大卒）の三名が参加して、アメリカにおける柔道および空手の普及に貢献した。

こうした状況の下で、日本空手協会も早くから積極的に海外に指導者を派遣して空手の世界的な普及に努め、他の流派も海外での普及に力を入れた。

空手の指導者として最初に海外に移住したのは、一九五五（昭和三〇）年にカリフォルニアに渡り、その後ヨーロッパ、アジア、アフリカ、南米などにも道場を開いた松濤館の大島劼《つとむ》、同じ年にブラジルに渡った和道流の高松浩二、翌年ブラジル（のちにイギリス）に渡った松濤館の原田満典である。

その後、日本空手協会からは、一九五七（昭和三二）年に第一期研修生の三上孝之がフィリピン（のちにアメリカのニューオーリンズ）に派遣され、一九六一（昭和三六）年に岡崎照幸がアメリカのフィラデルフィアへ、西山英峻がロサンゼルスへ、矢口豊がデンバーへ、一九六三（昭和三八）年には森正隆がハワイ（のちにニューヨーク）へと派遣されて、それぞれ指導を始めた。

さらに一九六四（昭和三九）年には、加瀬泰治が南アフリカ政府の要請で指導に出かけたのを契機に、翌年には、加瀬を団長とする金澤弘和、榎枝慶之輔、白井寛の四名の指導員がアメリカから南アフリカ、ヨーロッパ各地を歴訪して指導を行った。その後、加瀬はフランス、金澤と榎枝はイギリス、白井はイタリアでそれぞれ指導を始め、多くの後進を育成した。

その後も、これら初期の先駆者に続いて多くの指導者が海外に雄飛し、世界各地において空手道の普及に努めた結果、今日の隆盛を迎えたのである。

全日本空手道連盟の結成

すでに見てきたように、空手界にはいくつもの流派が存在する。組手試合のルールも流派によって異なり、日本空手協会の松濤館空手のような「寸止め」による組手試合以外にも、防具付き空手の試合を行う団体（錬武会）や、顔面以外への直接打撃を認めるフルコンタクト空手（松濤館空手を学んだ大山倍達が後に立ち上げた極真会館）が存在する一方で、組手試合に反対して日本空手協会を脱退した人たちが結成した日本空手道松濤會のように、試合を行わない団体もある。このように試合に対する考え方も試合のルールも流派によってまちまちである。

それだけでなく、空手の定義が明確にされないまま、すべての流派が空手道として位置づけられたため、空手界には、戦前はもちろん戦後になっても、柔道や剣道のように統一された武道としての組織体制が確立していなかった。流派を超えた組織として存在したのは、一九五〇（昭和二五）年に結成され、一九五七（昭和三二）年に全日本学生空手道連盟と名称を改めた大学間の連合組織が存在するのみであった。そのため、スポーツに要求される統一化されたルールや指導教程というものも存在しないままであった。

そうした中で、戦後の東京オリンピック大会の開催を契機として、一九六四（昭和三九）年、流派の連合体として全日本空手道連盟（全空連）が結成され、大濱信泉が会長に就任した。これによって、柔道や剣道のように空手道全体が統一されたわけではないが、それでも各流派の違いを越えて共通のルールに基づいた形と組手の試合を実施する体制が出来上がったことになる。だが、これに対してすでに文部省認可の社団法人として全国的な活動を展開していた日本空手協会は、しばらく事態の推移を静観することにした。結局、実際に流派を超えて競技会を開いたのは学生空手界だけであった。

その後、一九六九（昭和四四）年になって全日本空手道連盟（全空連）が財団法人化され、笹川良一（当時（財）日本船舶振興会会長）が第二代会長に就任して、同年九月に第一回全日本空手道選手権大会が日本武道館で開催された。この大会には、初めて日本空手協会、和道会、糸東会、剛柔会、錬武会、連合会の会派別団体、学生連盟、実業団連盟の職域別団体、各都道府県からの代表が参加し、「寸止め」ルールによる個人戦と団体戦の試合が行われた。その意味でも、空手史上画期的な大会であった。

翌一九七〇（昭和四五）年には、全空連の主導で第一回の世界空手道選手権大会が東京と大阪で開催され、団体戦では日本は五チームを参加させて圧勝し、個人戦でも優勝した。また、この時、大会中に各国代表が集まって世界空手道連合（ＷＵＫＯ＝World Union of Karatedo Organization）が結成され、全空連の笹川良一会長が会長に就任して、次回大会をパリで開催することが決まった。

空手のオリンピック種目化に向けて

ところが、一九七二（昭和四七）年にパリで開催された第二回世界選手権大会において、初日の団体戦の対イギリス戦で、日本は有効な技が認められなかったり反則を取られたりといった不可解な敗戦を喫した。前回大会に例外的に多チームを出場させて勝利を握った日本に対する意趣返しだったとも言われているが、同様のことは前回複数チームを送ったアメリカに対しても行われた。このことに不満を爆発させた日本チームは、二日目の個人戦において、試合場で礼をしただけで戦わずに退場して不戦敗となり、アメリカ、カナダも棄権したのである。

これを契機に、世界空手道連合（ＷＵＫＯ）の運営に不満を持つ勢力がＷＵＫＯを脱退し、一九七四（昭和四九）年に国際伝統空手道連盟（ＩＡＫＦ＝International Amateur Karate Federation、後にＩＴＫＦ＝International Traditional Karate Federation）を結成した。ＩＡＫＦ

の組織はロサンゼルスで松濤館空手の普及に努めていた西山英峻を中心に結成されたもので、翌一九七五（昭和五〇）年には第一回ＩＡＫＦ国際伝統空手道選手権大会がロサンゼルスで開催され、五二の国・地域が参加した。この大会には日本空手協会も選手を派遣して、組手、形ともに優勝した。

しかし、このことから世界空手道連合（ＷＵＫＯ）の国内競技団体である全空連と日本空手協会との関係が悪化し、結局、日本空手協会が全空連から脱退することになった。六年後の一九八一（昭和五六）年、空手が国民体育大会の正式種目となったのを機に、日本空手協会は全空連の呼びかけに応じて全空連に復帰し、他の三大流派（剛柔流、糸東流、和道流）とともに協力団体となった。その一方で、日本空手協会は一九八五（昭和六〇）年から独自に、伝統的な一本勝負に基づく松濤杯争奪世界空手道選手権大会（二〇〇六年以降は船越義珍杯）を開催している。

その間、国際舞台では、世界空手道連合（ＷＵＫＯ）と国際伝統空手道連盟（ＩＴＫＦ）が、ともに空手をオリンピックの正式競技種目にするために競い合ったが、最終的に、世界空手道連合（ＷＵＫＯ）が、一九九三（平成五）年に世界空手連盟（ＷＫＦ＝World Karate Federation）と改称して国際オリンピック委員会（ＩＯＣ）公認の国際競技団体となった。そして二〇二〇（令和二）年の東京オリンピックにおいて初めて空手が正式の競技種目に採用されることになったのである。

なお、オリンピックにおいては、空手と似たテコンドー（跆拳道）という競技種目がある。

テコンドーは、もとは日本統治下時代に日本に留学して松濤館空手を学んだ韓国人たちが戦後の韓国で広めた格闘技で、蹴りを中心とするスポーツ競技性を重視したスタイルで空手との差別化を図っているのが特徴的である。テコンドーと命名されたのは一九五〇年代半ば、李承晩大統領の下でのこと。韓国はこのテコンドーを空手に先立ってオリンピック競技種目にするため積極的な外交活動を展開した。その結果、世界大会の開催では遅れをとったものの、一九八〇（昭和五五）年には空手に先駆けて世界テコンドー連盟（ＷＴＦ）が国際オリンピック委員会（ＩＯＣ）の公認団体となり、その後、テコンドーは一九八八（昭和六三）年のソウルオリンピックから公開競技種目、二〇〇〇（平成一二）年のシドニーオリンピックからは正式競技種目となっている。

国際ルールと伝統ルール

今日、「寸止め」による空手の組手試合ルールには、大きく分けて日本空手協会で採用している伝統的な一本勝負に基づくルールと、世界空手連盟（ＷＫＦ）やその構成団体である全空連が採用するポイント制のルールとが存在する。二〇二〇（令和二）年の東京オリンピックにおいては世界空手連盟（ＷＫＦ）の国際ルールが採用されることになっている。なぜ、このように複数のルールが存在することになったのだろうか。

日本空手協会の組手試合では、「極《き》め」のある突きと蹴りによる「一本勝負」という考え方を重視している。武道である以上、実際に相手に当ててはならないが、しかし当たれば致命的

全国空手道選手権大会
（日本空手協会提供）

な打撃を与えるような突きや蹴りを繰り出すことで、一撃必殺の技を磨くのである。これを「極《き》め」と称しているが、「極め」のある技が決まると、実戦ではそこで勝負あり、一巻の終わりである。そこから一本勝負という考え方が出てくる。というより、もともと武術の世界には一本勝負しかないのだ。その意味では、一本勝負は武術の伝統に沿ったルールであるといっていい。

この極めがなくなると、形と組手が分離してしまい、形とのつながりを失った組手は、単なる殴り合いか、勝ち負けを競い合うだけのゲームになってしまう。また、極めがなくなると、武道の重要な要素とされる「残心」もなくなってしまう。残心とは、技を決めたあとも油断せず、自分の周囲や敵をしっかりと把握し、いつどこから攻撃されても反撃できる準備ができていることである。剣道では打ち込んだあとの相手の反撃に備える心の構えであり、弓道では矢を射たあとその到達点を見極める心の構えである。

残心は、技を決めたあと相手の状態を見極め、相手の反撃や他の敵からの攻撃に備えるためのものだが、それはまた、勝負が決まったあとの相手に対する思いやりや敬意の気持ちの表れでもある。その気持ちがあるからこそ、勝ったからといって飛び上がったり、ガッツポーズで喜びを表したりはしないのである。

しかし、「極め」を重視した「一本勝負」の試合においては、一瞬の油断も許されないため、お互いに慎重に機を窺うあまり、なかなか手を出そうとはしない。そのため見ていて面白みに欠けるという見方も出てくる。そこで世界空手連盟が採用し、後にその構成団体である全空連も採用するようになったのがポイント制である。

ポイント制では、先に８ポイントを取るか、あるいは三分間でポイント数の多いほうが勝ちとなる。そのため、はじめから積極的に技を出しあうことが求められるだけでなく、１ポイントや２ポイント先取されても挽回が効くし、最後に思い切った技で大逆転もありうるだけに、見る者を退屈させない。このようにポイント制は、スピードと見栄えを重視したルールであり、テレビ時代の要請にもうまく合致しているといえなくもない。

二つのルールの違いは、空手における試合というものをどう考えるかという本質的な問題とも深く関わっている。日本空手協会の武道空手においては、組手試合は武道の修行における一過程にすぎないのであって、修行の目的あるいは最終目標ではない。組手試合は、相手の心を読みながら、間合い、迅速な対応、平常心、決断力など普段の形稽古だけでは身につかないものを体得するために行うものである。試合はその意味で、自分の技の成長を確認する機会であり、また、自分の弱点を確認し、新たな課題を設定するための機会なのである。だから勝ち負けの結果だけにこだわってはいけない。その先にある一段上の到達目標を目指して、試合での経験を今後の成長に生かしていくことが重要だと考えられているのだ。

これに対して、世界空手連盟は、もともと試合を通じて技の優劣を競い合うことを目的として結成された西欧中心の国際競技団体である。そのため、組手試合においては、武道としての側面は認めながらも、西欧文化に根ざしたスポーツ的要素をより重視するとともに、観客に見せること、あるいは楽しませることが重要な課題となってくる。その結果として、競技性と見栄えを重視したルールが採用されることになるのだ。

ではこれに対して選手たちはどう対処しているのだろうか。当然のことながら、選手にルールを決める権利はない。試合に参加するからには、どのようなルールでも、それに合わせて戦わなければならないのである。実際、空手道を志す人たちの中には、オリンピックや世界空手連盟あるいは全空連の大会を目指して国際ルールの下で練習する人もいれば、もっぱら日本空手協会などの伝統ルールに基づく武道空手の稽古を行って、それぞれの団体の主催する大会にのみ出場する人もいる。あるいは、普段は協会の伝統ルールで稽古をしているが、同時に国際ルールによる大会にも参加するという人もいる。このように選手たちはどんなルールの下でも対応できるよう、それぞれの環境の中で自分に見合った空手の稽古を実践しているのである。

もともと組手試合のルールは、安全性や公平性といった観点からスポーツの考え方を取り入れた結果として作られたものである。したがって、どのようなルールにしても、実戦とは異なるのであり、それぞれに一長一短があって、どれが正しく、どれが間違っているとは言い切れない。組手試合は一定のルールに基づいた競技として割り切って考えるしかないのだ。その際、どのようなルールを採用するかは、それぞれの団体の哲学や理念に基づいて判断すべきことである。それを一本化するのはむずかしいし、無理して一本化する必要もない。ただし、どのようなルールを採用するにしても、武道であるからには、安全性とともに、武技に基づく実戦性という側面を忘れてはならない。

形と組手は車の両輪

空手の形は、徒手空拳の武術として発達した沖縄唐手の技から導き出された一連の動作から成り立っている。その点において、同じように形と称していても、体操競技やフィギュアスケートのように、相手の存在を想定せず、単独の身体運動によって技の正確性や難易度あるいは美的表現力といった芸術性を競い合う形とはまったく異なる。

空手の形は、剣道や柔道の形とも異なる。剣道や柔道の形は攻防の所作をまとめたものであるのに対して、空手の形は、無数の技を組み合わせ、一連の起承転結を持ったストーリーとしての性格を備えたものである。したがって、空手の形を構成する動作の一つ一つに、攻防の技としての深い意味が込められている。その結果として、形は、武術的観点からは殺法としてもっとも有効で、かつ美学的観点からはもっとも無駄のない美しい動作となっているのだ。

言い換えれば、空手の形は意味を表現したものである。形の動作の中には空手の奥深い魅力が一杯詰まっている。だからこそ、形の練習においては、形を構成している個々の動作のもつ意味を正確に理解することが重要になってくるのだ。その奥深さを味わうことも空手の醍醐味といえよう。

では、なぜそのような形が出来上がったのか。それは、空手においては、その所作の全てを明文化して技法として伝えることは難しいからである。そのため、重要な技を組み合わせた一連の動作を一つの物語としてまとめ、それを後世に伝承・教授するための教材として残す方法が考え出された。それが形である。言い換えれば、今日の空手道があるのは形のおかげなのである。

形の中には、相手の攻撃を無力化させる受けの技も、相手を一撃で倒す攻めの技も含まれている。だから形を演じるときには、仮想の相手の動きを常に意識しながら、それに応じて自分の動き、間合い、タイミングなどを微妙に調整して技を繰り出さなければならない。その意味でも、形と組手は一体であり、車の両輪の関係にある。

ただし、形と組手が一体ということは、組手試合では常に形どおりの動きをしなければならないという意味ではない。試合では相手の動きに応じて、臨機応変に振る舞う必要がある。同じ技でも、相手が自分より大きいか小さいかによって、間合いや、突きや蹴りの角度とスピード、あるいは極めのポイントなども変わってくる。空手道二十箇条にある「形は正しく実戦は別もの」とはそういう意味である。そのうえで、空手の稽古においては、形と組手のどちらも疎かにしてはならないのだ。

ところが、近年は、大学の空手道部などでは形の選手と組手の選手を分けてしまい、形の選手はもっぱら形の稽古を行い、組手の選手はもっぱら組手の稽古を行うという分業化の傾向が強まっている。

たしかに、限られた期間内にチームとしての戦力を高めるためには、各自が自分の限られた役割に特化したほうが効率的のようには見える。しかし、だからといって形に特化してしまうと、相手を想定した武技としての側面が見失われてしまう恐れがある。一方、組手に特化してしまうと、その基盤となっている基本動作が身につかず、空手本来の技からかけ離れてしまうことになりかねない。いかに試合が重要だとはいえ、勝利至上主義に走るあまり、日常の稽古において形と組手のどちらかに特化してしまうのは、本来の空手道の理念からはかけ離れたものと言わざるを得ないのである。このことは、特に高校や大学の空手部のあり方として、真剣に考えなければならない問題ではないか。

　本章では、空手におけるスポーツ化の歴史を振り返ってみた。空手に限らず、日本の武道は近代スポーツの考え方を取り入れることによって広く普及した。だが、その反面、特に競技化を巡っては様々な課題も生じてきた。そのような状況の下で、武道はスポーツではないと考える人もいれば、いや武道はすでにスポーツになってしまったと言う人もいる。このことをどう考えたら良いのだろうか。次章では、まず、スポーツとは何か、武道とスポーツはどう違うのかなど、武道とスポーツの関係について考えてみたい。

第6章

武道とスポーツは
どう違うのか

武道とは武術をスポーツ化したもの

これまで見てきたように、現代の武道はスポーツ化している。正確にいうならば、剣道や柔道をはじめとする日本の武道は、武術をもとにして、そこにスポーツの考え方を導入することによって、武道としての体制を整え、発展してきたのである。

武道のもとになった武術はもともと殺法であった。だが、戦国時代が終って江戸時代になると、武士はもはや実際に武器をもって戦う戦士ではなくなった。その結果、実戦で腕を磨く機会はなくなり、それに代わって「形」の練習を基本とした稽古が行われるようになった。しかし、そうした形稽古を基本とした武術の時代も、明治維新によって終わりを告げた。そのような時に、かつての武術を基盤としながら、そこに西洋伝来のスポーツに倣ってさまざまな工夫・改善を積み重ねることで、今日の武道が誕生したのである。そして現代社会のニーズに応えながら国内だけでなく、広く世界中に普及することになったのである。

その際、具体的にどのような工夫・改善がなされてきたのか、その要点を整理すると以下のようになる。

第一に、身体的動作の面では、それまでにはなかった体育という観点から改善が加えられ、安全性や教育目的の点から問題があると考えられる技が除外された。柔道の締め技や当身技、空手の急所攻撃、目潰しなどがその例である。さらに安全性の観点から防具の改善も図られた。空手においてはいわゆる「寸止め」が採用され、一定のルールに基づいて技術の習熟度を競い合うことが可能になった。その一方で、流派によっては実際に当ててしまうフルコンタクトや、防具を使用した試合なども行われている。

第二に、修練方法に関しては、武術においては各流派の秘伝に基づいて稽古が行われていたが、武道においては、近代スポーツの考え方に基づいて教授内容・カリキュラムが標準化され、どこでも同じ教程に基づいて集団で稽古が出来るようになった。各人の達成度も段級として客観的に評価する仕組みが採用された。

第三に、レスリングやフェンシングなどのスポーツと同じく、一対一の対戦により優劣を判定する競技形式も導入された。

第四に、修練の目的に関しては、歴史的に見れば、武術には身体を鍛えるという体育的要素は乏しかった。しかし今日の武道においては、特に日清・日露戦争を経て、青少年の心身の鍛錬という体育的側面も重視されるようになった。それは健康及び体力の保持増進を重視するスポーツの影響と言っていい。空手の場合は、船越義珍は初めから、護身および精神修養のほかに体育をも含めて、空手の三つの効用として位置付けていた。その観点から、体育的要素を織り込んだ新しい形や、重心を低くした構えなどを導入したのである。

以上のように、武道は武術をスポーツ化することによって成立したのである。そうである以上、スポーツ化は決して悪いことではない。では武道とスポーツは同じものになったのだろうか、それとも違うのだろうか。違うとすればどう違うのだろうか。

プレー（play）か、プラクティス（practice）か

武道の第三の特徴は「心身の練磨を通じて人格を磨く」ことを目的としていることだった。では、この点に関して、武道とスポーツはどう違うのだろうか。

一般的には、スポーツにおいては「気晴らし」「遊び」「楽しみ」といった要素が大きいが、武道においてはその要素は乏しい。武道は楽しむものというよりは、我慢して耐えて修行するものとして理解されているのである。英語でもスポーツはプレー（play）するものであるのに対して、武道はプラクティス（practice）するものである。

もちろん、武道においても、競技形式の導入によって楽しむという要素も加わったと言えないこともない。生涯空手として稽古を楽しむ人も決して少なくはないだろう。しかしその場合でも、武道から得られる楽しみは、どちらかというと、辛さに耐えながら忍耐と努力の結果として、自分なりの目標を達成したとき、あるいは試合などを通じて自分の成長を実感できた時に味わう快感であって、スポーツのように身体運動を通じて気分を発散することで得られる快感とはいささか異なるのである。

それだけではない。武道は「礼に始まり、礼に終わる」と言われるように、礼儀を重んじる。相手に対する感謝と敬意、惻隠の情を忘れてはならないのだ。特に試合が終わったあとは、勝者は敗者を思いやる気持ちを持たなければならない。そこにはガッツポーズで喜びを表すという発想が出てくる余地がないのである。こうした武道の特徴は他のスポーツには存在しないものといっていい。

このように武道は、その成立過程からいって武術とスポーツが融合したものであるとはいえ、やはりスポーツとは微妙な違いがあるのだ。特に武道関係者の間では、武道はスポーツではないと主張する人も少なくない。では、両者はまったく別の物と言えるのだろうか。というわけで、武道とスポーツの関係についてもう少し深く考えてみよう。

嘉納が目指したオリンピック精神と武道精神の融合

講道館柔道を創始した嘉納治五郎は、人間の内面的な発達に強い関心を持っていた。彼にとって、柔道は単なる身体運動ではなく、人間の内面的な発達に深く関わるものであった。そうした考え方は、柔道の三本柱の一つに「修心」を掲げたことにも表れている。

その嘉納は、後にクーベルタン男爵のオリンピック運動に関わり、一九〇九（明治四二）年に東洋初の国際オリンピック委員会（ＩＯＣ）委員に就任し、一九一一（明治四四）年には大日本体育協会（戦後の日本体育協会、二〇一八年から日本スポーツ協会）を設立して会長に就任した。翌年日本が初めて参加したストックホルム大会には、日本選手団の団長として参加している。

クーベルタンの提唱したオリンピック運動とは、西洋の遊戯としてのスポーツを「心身の調和的な発達を求めたヘレニズム思想の展開」というレベルにまで高めることを目指す運動だった。嘉納はその精神に共鳴し、西洋のスポーツ文化に、「精力善用・自他共栄」という武道精神を加味することを構想したのである。

嘉納の唱える「精力善用・自他共栄」とは、ある目的を果たすために最も有効な方法を用いつつ、それを実生活に生かすことによって、人間と社会の進歩・発展に貢献することであった。言い換えれば、身体を鍛えるだけでなく、心も鍛え、そこで得たものを社会生活に応用していくことを目指したのである。

それは国際オリンピック委員会が提唱する「卓越、友情、尊敬」というオリンピックの理念と矛盾するものではない。それどころか、「精力善用・自他共栄」こそは、スポーツを通して五大陸を結び、平和建設に貢献しようというオリンピック精神と一致するものであると考えられた。その意味で、嘉納が目指したのは、オリンピック運動を通じてスポーツ文化の向上を図り、それを「精力善用・自他共栄」という武道精神にまで高めることであった。こうして、嘉納はオリンピックの精神に賛同し、東京でのオリンピック開催を実現するために奔走した。

勝って驕らず、負けて恨まず

嘉納の尽力で招致に成功した一九四〇（昭和一五）年の東京大会は、残念ながら当時の国際情勢に鑑みて返上せざるを得なくなったが、彼が描いた夢は一九六四（昭和三九）年の東京オリンピック大会となって実現した。

嘉納はオリンピックを招致するために尽力したが、柔道をオリンピック種目に入れることには反対であった。彼が目指したのは、クーベルタンの唱えるオリンピック運動を通じて、西洋のスポーツ文化を「精力善用・自他共栄」という武道精神のレベルにまで高めることであった。そうした視点に立つならば、武道の代表ともいえる柔道をオリンピック種目に入れるという発想はどこからも出てこないだろうし、仮にそのようなことになれば、柔道そのものが変質してしまいかねないと考えたに違いない。だが、皮肉なことに、没後二六年目に実現した東京大会においては、柔道が初めてオリンピック競技種目に採用されることになったのである。

日本選手の活躍が期待されるのは当然であった。そしてその期待に応えるかのように、軽量、中量、重量級ではそれぞれ金メダルを獲得した。ところが、最後の無差別級で、オランダのアントン・ヘーシンクが日本の神永昭夫を抑え込んで金メダルに輝いたのである。その瞬間、オランダの監督・コーチらは歓喜のあまり靴のまま畳のうえに駆け寄ろうとした。するとヘーシンクは自ら彼らを制して、負けた神永と互いに健闘をたたえ合い、静かに頭を下げて退場したのである。ガッツポーズをすることもなく、飛び上がって喜ぶこともしなかった。

このヘーシンクの振舞いこそは、柔道が単なる勝敗を競い合うスポーツではなく、自己の心身の鍛錬と人格の陶冶、さらにそれを通じた社会貢献というレベルにまで高められた武道であることを世界に示すものだった。それはまた他のスポーツでは見られない光景でもあった。その意味でヘーシンクの振舞いは、武道精神そのものであり、同時にクーベルタンが求めたオリンピック運動の理想を具現化するものであった。しかし、それは別に驚くべき出来事ではない。もともと柔道とはそういうものだったのである。そしてヘーシンクは単に強いだけでなく、武道精神をしっかり身につけた偉大な柔道家だったのである。

一九八四（昭和五九）年のロサンゼルス大会における柔道無差別級決勝での山下泰裕とエジプトのモハメッド・アリ・ラシュワンの試合も、多くの人に感動を与えた。山下は二回戦で右足を痛め、足を引きずっていた。ラシュワンはその痛めている足を攻めることなく戦って敗れ、それによって国際フェアプレー賞を授与された、と言われる。だが、実際はどうだったかというと、ラシュワンは山下の弱点である右足を攻めたのである。しかしそれが空振りし、仕方なく左足を攻めたところを返されて、横四方に固められたのであった。

相手が怪我をしているからといって手加減したのでは、相手を一人前の選手として扱わなかったことになってしまう。それは相手に対する侮辱であり、敬意を欠いた戦い方にほかならない。実はラシュワンは試合の前、コーチからは持久戦に持ち込んで山下が疲れたところで攻めるよう指示されていた。しかし彼はあえてそれに従わず、怪我をした山下に真っ向から挑み、そして敗れたのである。

試合後、勝った山下は足を引きずり、歩くこともままならなかった。負けたラシュワンはその山下に肩を貸し、表彰台では手を差し伸べて大きな体を支えたのである。こうしたラシュワンや先のヘーシンクの振舞いには、相手に対する敬意と惻隠の情が溢れている。これがオリンピック精神であり、武道本来のあるべき姿でもあった。

スポーツの先にも「道」がある

二〇一八（平成三〇）年の平昌オリンピックのフィギュアスケートで二連覇に挑んだ羽生結弦《はにゅうゆずる》は、右足関節靱帯損傷の大怪我からちょうど一〇〇日、まだ氷上での練習はほとんどできていなかった。それでも直前に「やるべきことは全部やってきた。何も不安要素はない」と言い切って、見事に有言実行し、二連覇を成し遂げた。その強靭な精神力は一体どこから出てくるのか。彼の振舞いには飽くなき求道者の風貌がただよう。

スピードスケート女子五〇〇ｍで金メダルに輝いた小平奈緒は、オリンピック新記録を出してゴールした直後、歓呼の声を挙げようとする観衆に向かって、唇に指を当てて静かにするよう促した。次にスタートする前二回の覇者で地元韓国の李相花選手の妨げにならないようにとの配慮であった。さらに感動的だったのは、レース後、銀メダルに終わった李相花を抱きかかえるようにしてリンクを凱旋する光景だった。勝ち負けを越えてライバルを敬い、高め合う二人の姿は、私たちに改めてスポーツの原点を教えてくれた。

こうした羽生結弦や小平奈緒らの振舞いは、かつてのヘーシンクを思い起こさせるし、その求道者的な姿勢は一流の武道家と変わるところがない。一流のスポーツ選手は、武道家と同じように「命がけの」稽古を重ね、忍耐と努力による自己鍛錬を経て、人格的にも高いレベルに到達しているのである。

このことは、どのようなスポーツであれ、一流になるには高いレベルの技術が要求され、それを達成するためには、血のにじむような努力が要求されることを意味している。スポーツの中には、一瞬のミスが大怪我にむすびつくような危険な種目も少なくない。選手にとっては常に恐怖心との戦いである。それを乗り越えながら、さらに上の目標に向かって挑戦し続けるのである。まさに命を懸けた競技であり、その点では武道の世界と変わるところがないのだ。それを「気晴らし」とか「遊び」とか言ってしまっては失礼であろう。

武道であれ、スポーツであれ、その道の頂点を目指して挑戦し続ける一流の選手たちにおいては、技術面だけでなく精神面の充実が強く求められる。その限りにおいて武道とスポーツの違いはほとんどないと言っていいのだ。「スポーツは自分の限界に挑むもので、ある意味で死と隣り合わせ」という羽生の言葉が、そのことを端的に物語っている。

だからであろう。一流選手になればなるほど精神面の強さが求められ、「人に勝つことよりも、己に克つこと」が最大の課題となってくる。そしてその延長線上には、人格形成という理念が共有されているのだ。その意味で、人格形成は決して武道の専売特許ではない。スポーツの先にも「道」の世界があり、そこを目指す一流の選手は、求道者と呼ぶに相応しいサムライなのである。

人格形成は目的か、結果か

武道とスポーツの間に違いを探すとすれば、ひとつは、人格形成を目的と見るか、結果と見るかの違いであろうか。スポーツの場合は、結果として人格形成にも寄与するところがあるが、これに対して、武道の場合は、初めから技術の向上だけでなく人格形成を目指しているのである。

例えば、スポーツ基本法では、スポーツを「心身の健全な発達、健康及び体力の保持増進、精神的な充足感の獲得、自律心その他の精神の涵養《かんよう》等のために個人又は集団で行われる運動競技その他の身体活動」と定義し、併せて、次代を担う青少年の体力を向上させるとともに、他者を尊重しこれと協同する精神、公正さと規律を尊ぶ態度や克己心を培い、実践的な思考力や判断力を育む等「人格の形成に大きな影響を及ぼすもの」と説明している。ここではスポーツが「人格の形成」に果たす役割が大きいと言っているだけで、それを目的とするとまでは言っていないのである。

これに対して、日本武道協議会の定める武道憲章では、武道の目的を、「武技による心身の鍛錬を通じて人格を磨き、識見を高め、有為の人物を育成すること」と規定している。つまり人格の完成を目的としているのである。

この違いに着目するならば、人格形成を目的とするのが武道であり、結果として人格形成も期待されているのがスポーツだと言えなくもない。もちろん、武道もスポーツも、どちらも「人格形成」に大きな役割を果たしている点では変わりないのであり、日本人の場合は特にその傾向が強い。しかし、そのことを認めた上で、武道においては人格形成を究極の目的に掲げて重視しているという事実は、やはり強調されなければならないであろう。そこに日本の武道の誇るべき特色があるのであって、このことはいくら強調しても強調し過ぎることはないのだ。

武道の基盤は武術

現代においては、武道もスポーツも極めて多様化している。一口に武道といっても、厳しい稽古を積み重ねた上で高度の技を競い合う武術的要素の強い武道もあれば、体育的要素を重視しながら、年齢に関係なく自分に合った稽古を続ける武道もあり、さらに競技性を重視したスポーツ的要素の強い武道もある。同様に、一口にスポーツといっても、健康法として楽しむスポーツもあれば、厳しく自分を鍛えて自己の限界に挑戦するスポーツもあるのだ。

そのことを考えると、「空手は武道か、それともスポーツか」といった単純な二者択一の議論はあまり現実的とは言えない。同じ空手の中に武道的な要素とスポーツ的な要素が同居しているのである。そもそも武道とは、伝統的な武術に近代スポーツの考え方を取り入れて成立したものである。それだけに、なおさら、両者を切り離して考えることはむずかしいのだ。

この問題をさらにむずかしくしているのがスポーツという言葉である。もともと外来語であるだけに、それを日本語としてどう理解するかは人によって異なり、また時代によっても変化していく。そうである以上、スポーツの定義を曖昧にしたまま「武道はスポーツか、否か」などと問うてみても、あまり意味のないことになるのだ。

今日、スポーツという言葉は、それまで運動あるいは体育などと称してきたものの全てを含む幅広い概念として使われるようになってきた。広い意味での運動文化の総称としてスポーツという言葉が使われているのである。スポーツ庁が発足し、また日本体育協会が日本スポーツ協会へと改称したことからも、こうした考え方は今後ますます広まっていくであろう。スポーツをこのように広義に解釈するとすれば、スポーツはもはや武道と対立するものではなくなってしまう。空手はスポーツか武道かという議論も、さまざまな前提条件をつけない限り、それだけではただの言葉遊びに終わってしまうのだ。

しかし、それでもなお、武道とスポーツの間に大きな違いがあるとすれば、それは日本の武術を基盤にしているかどうかである。

現代の武道は、安全性の面ではかつての殺法としての武術とは異なり、危険な技は排除され、防具なども整備されて、誰もが安心して取り組めるものとなっている。とはいえ、基本的にすべての技は、武術として用いられる技から導き出されたものである。そのような武技という武術的基盤を有しているのが武道であり、それがあるかないかが、武道とスポーツを分ける大きな違いとなっているのである。

空手道においても同様である。一方では、安全性・競技性といったスポーツ的観点からの配慮がなされているが、他方、そこで用いられる技は一撃で相手を倒す威力をもった武技を基盤としたものでなければならない。だからこそ空手道といえるのであって、見た目にはいくら類似点が多くても、武技という武術的基盤に基づいていないものは、武道とは言い難いのである。

武術を基盤にしているということは、言い換えれば、「武術や武士道の伝統に由来している」ということである。この点において、武道とスポーツは根本的に異なるのだ。

大事なことは、武道とは「武術や武士道の伝統に由来するもの」であり、「空手は徒手空拳の護身術によって心身を鍛錬するもので、その目的は人格形成である」ということに尽きる。その点だけをしっかり押さえてさえおけば、それをスポーツと呼ぼうが武道と呼ぼうが、実態において大きな違いはないのである。

ただし、護身術という要素を重視するならば、空手は理想的にはあらゆる攻撃に対処できるものでなければならない。ところが現実には、稽古においても、もっぱら組手試合で使える技を中心とした稽古が行われているようだ。試合だけを考えれば、それでよいのかもしれないが、それでは護身術としての空手の意味が失われてしまう。本来の空手に必要な技であれば、たとえ組手試合にはほとんど使われなくなったものでも、基本組手や形の稽古を通じて修練しておく必要があるのではないか。さらに付け加えれば、試合において自分の出した技が決まったとばかりに（勝手に判断して）、飛び上がって喜んだり、審判にまでアピールしたりするのは、謙虚さに欠けるだけでなく、無用心でもあり、見苦しい。前章でも述べたように、武道においては残心が大事だ。サッカーでゴールを決めるのとは訳が違うのである。

船越義珍が本土で定着させた空手道は、柔道との差異化を図るために投げ技や関節技を排除したとはいえ、あくまでも「スポーツの要素を取り入れた武道」であって、「武道の要素を取り入れたスポーツ」ではなかったはずである。

本章で見てきたように、武道とスポーツの間に明確な線引きをすることはむずかしい。大きな違いは武術的基盤を有しているか否かということだ。では武道における武術的基盤とは具体的にどういうものだろうか。次章においては、武道のもとになっている日本の武術がどのようにして発展・継承されてきたのかを明らかにし、その過程において武術の理念がどのように変化していったかを見てみたい。

第7章

武術の極意は「戦わずして勝つ」ことだった

武術はどのようにして誕生したのか

武術の歴史は古い。古くは『古事記』（七一二年）の記述の中で、天上界の天照大御神《あまてらすおおみかみ》から地上界に派遣された建御雷神《たけみかづちのかみ》が剣を持って出雲国に向かい、大国主神《おおくにぬしのかみ》に国譲りを迫ったところ、建御名方神《たけみなかたのかみ》と力比べをして決めることになり、建御雷神が勝ったことから国譲りが実現したことが記されている。

また『日本書紀』（七二〇年）には、第一一代垂仁天皇の命により出雲国の野見宿禰《のみのすくね》と大和国の当麻蹶速《たいまのけはや》が角力（相撲）をとることになり、互いに蹴り合いの末、野見宿禰が当麻蹶速の腰を踏み折って勝ち、大和国の当麻の地を与えられたことが記されている。この故事から野見宿禰が相撲の始祖として知られるようになった。

ただし、相撲は武術というよりは、もっぱら神事として、神仏に奉納するために寺社の境内において行われ、その後は、さらに寺社建造のための勧進相撲や、見世物としての興行相撲としても人気を博してきた。これに対して、武士による徒手武術としては、一六世紀半ばの戦国時代に美作国《みまさかのくに》（現在の岡山県北東部）で創始された日本柔術の竹内流が最古のものと言われている。

これに対して、武器を用いた武術が大陸から日本に伝わったのはもっと古くて、奈良時代にまでさかのぼる。奈良時代に律令制に基づいた中国式の兵制が取り入れられると、中国・朝鮮を通じて武器・武具類が日本に入ってきて、それを用いた武術も一緒に伝わってきたのである。

こうして日本に伝来した刀剣や弓などの武器の形状や用法は、その後、日本人の感性や創意工夫によって、日本独自のものへと変わっていった。そして、平安時代後期に武士の集団が誕生するとともに、日本的な刀剣や弓馬などを用いた戦闘技術がそれぞれの集団ごとに発達し、伝承され、日本の武術の源流となっていった。

その中でもよく知られているのは、剣の源流として知られる鹿島（現在の茨城県）の太刀である。鹿島の太刀は、古事記にも登場した建御雷神《たけみかづちのかみ》を祭神とする鹿島神宮の神官によって伝承され、鹿島太古流、鹿島中古流として今日まで連綿と継承されている。

このように、武術、特に剣術は、神道との結びつきが極めて強く、禊《みそぎ》や祓《はらい》という思想とも深く関わっている。武術の演武は、相撲に限らず、もともと人に見せるためのものではなく、神仏を楽しませたり鎮めたりするための奉納として行われていたのである。今日、武道場に神棚が設けられているのも、そうした伝統を踏まえたものである。

武術の流派の系譜

本格的な武術の流派が登場したのは室町時代以降、一五世紀から一六世紀にかけてのことである。中でも念流《ねんりゅう》、神道流《しんとうりゅう》および陰流《かげりゅう》は、剣術の三大源流と言われる。これに中条流を加えて四大源流と呼ぶこともある。

このうちもっとも古い念流は、奥州相馬（現在の福島県）の念阿弥慈恩《ねんあみじおん》（相馬四郎義元）を始祖としており、その特徴は相手を倒すことよりも自分を守ることに重点をおくことから、「護身の剣」とも言われている。慈恩の弟子の樋口定次が上州（現在の群馬県）で創始した樋口念流は、現在も馬庭《まにわ》念流として継承されている。

神道流は、下総国香取郡（現在の千葉県）の飯篠長威斎家直《いいざさちょういさいいえなお》が、鹿島の地に受け継がれた兵法をもとに鹿島神宮と香取神宮の剣の奥義を融合させて、天神正伝香取神道流として体系化したもので、剣術だけでなく、居合術、柔術、棒術などを広く網羅した総合武術である。この流派の極意は「武術とは互いに血を流し合う戦のためのものではない」、「兵法は平法なり」という考え方にある。「兵」とは弓矢・太刀・長刀《なぎなた》などの武器のことで、それを用いる方法が「兵法」である。戦国時代の剣豪塚原卜伝《つかはらぼくでん》の新當流、江戸時代末期の男谷精一郎や榊原鍵吉の鹿島神傳直心影流などは、この神道流の系統に属する流派である。

陰流は、愛洲移香斎久忠《あいすいこうさいひさただ》が日向国（現在の宮崎県）で創始したもので、その極意は気と心・機を融合させ、変幻自在の技で相手を制することにある。それを「転《まろば》し」と表現した。この愛洲久忠から陰流を学んで「転し」の極意を体得したのが上州の上泉伊勢守信綱《かみいずみいせのかみのぶつな》である。信綱は念流や神道流などの諸流派をも統合して新陰流を創始し、全国各地を巡って伝授した。

この上泉信綱に弟子入りして新陰流を継承したのが、「無刀取り」の理法に開眼して印可を受けた大和国（現在の奈良県）の柳生石舟斎宗厳《やぎゅうせきしゅうさいむねよし》（一五二七～一六〇六）である。宗厳は扇子で相手の虚をついたが、無刀取りとは、刀にこだわらず、そばにあるものは何でも用いて立ち向かう臨機応変の心構えのことで、技法というよりは心法である。宗厳は後に家康の前で「無刀取り」を披露して、兵法指南役として出仕することを請われたが、高齢を理由に辞退し、代わりに五男の宗矩《むねのり》を推挙した。

こうして柳生但馬守宗矩《やぎゅうたじまのかみむねのり》（一五七一〜一六四六）が徳川二代将軍秀忠および三代将軍家光の兵法師範を務めることになった。あとで詳しく触れるが、宗矩は新陰流の技法・理論を集大成して『兵法家伝書《へいほうかでんしょ》』を著し、「活人剣《かつにんけん》」を唱えたことで広く知られている。活人剣の理念は、相手を存分に働かせて打たせた上で、相手の打ちに乗って打ち勝つ「合撃《がっしうち》」という技法に表れている。

中条流は、念流の慈恩の高弟であった中条兵庫助長秀を祖として京の中条家に伝わった流派で、後に一刀流や富田《とだ》流など、多くの流派の母体となった。中でも伊藤一刀斎景久の一刀流は、一刀斎の弟子である神子上典膳《みこがみてんぜん》（後の小野次郎右衛門忠明、一五六九〜一六二八）が新陰流の柳生宗矩とともに徳川将軍家の剣術指南役になったことから、隆盛を極めることになった。

一刀流の極意は、相手がどこから攻撃してこようが、一切これを外さずに飛び込み、相打ちを仕掛けて切り落とす「切落《きりおとし》」という技法にある。江戸時代後期の千葉周作の北辰一刀流、幕末から明治にかけて活躍した山岡鉄舟の一刀正伝無刀流なども、一刀流の系統に属する流派である。

これら四大源流に属する系統のほかにも、江戸初期の流派には、『五輪書』で有名な宮本武蔵（一五八四〜一六四五）の二天一流、東郷肥後守重位《しげかた》の示現流（神道流と新陰流の流れを汲むタイ捨流《しゃりゅう》から生まれた流派）など、数多くの流派が誕生した。薩摩の示現流は、沖縄の首里手にも影響を与えた流派で、「刀は抜くべからざるもの」と考え、やむを得ず抜くときは「一の太刀を疑わず、二の太刀は負け」を旨とする先手必勝の鋭い打撃を特徴としている。

剣術以外でも、弓術では日置《へき》弾正正次の日置流を源流として、吉田流、道雪派、雪荷派などが生まれた。また、弓馬術においては、鎌倉初期の小笠原長清を祖とし、その子孫、鎌倉末・南北朝期の貞宗が大成した小笠原流が有名である。小笠原貞宗は禅家の礼法を参考にして武家の礼法を作り上げたことでも知られ、それは「小笠原流礼法」として、明治初期に学校教育の礼法にも採用され、現代にまで伝承されている。

柔術の流派

柔術は徒手あるいは短い武器による攻防を中心とした武術である。先に述べたように、一六世紀半ば、室町末期に美作国《みまさかのくに》（現在の岡山県）の竹内中務大輔久盛《たけのうちなかつかさだゆうひさもり》を祖として竹内家に伝わった竹内流腰廻《たけのうちりゅうこしのまわり》が最古のものと言われる。江戸初期になると、荒木流、関口新心流、楊心流、起倒流などの流派が生まれて、多彩な技法を伝えた。

柔術においては主として投げ技や関節技が使われるが、起倒流の流祖と言われる福野七郎右衛門正勝は、江戸時代初期に来日した明国人陳元贇《ちんげんぴん》（一五八七～一六七一）から拳法を教わったと伝えられている。陳元贇は明末期に三〇代で来日した帰化人で、尾張徳川家に招かれ、拳法だけでなく、製陶法を伝えて元贇焼きと呼ばれる茶具を残したり、詩や書なども能くしたりした多才な人物である。また、楊心流の流祖と言われる秋山四郎左衛門義時は、中国留学時に拳法を学んだとされている。

だが、こうした中国拳法が実際に日本の武術にどのような影響を及ぼしたのかは明らかでない。おそらく、日本に伝わった中国拳法は、組み討ちを主体にしていた柔術の中に、当身技という形で吸収されていったのであろうと考えられている。

ただし、柔術では当身技でとどめを刺すことはあまりなかった。その理由は、武士の戦いでは剣術が中心を占めていたため、柔術はもっぱら武器を用いた武術の補助的な立場に置かれていたからであり、また、攻防の際には単に相手を倒すのではなく、殺傷せずに捕えるなど、身を護ることを重視する流派が多かったからでもあった。

その後、江戸時代の後期になると、畳が普及したこともあって、柔術においても道場における乱取り稽古が盛んに行われるようになった。中でも、磯又右衛門正足《まさたり》が興した天神真楊流は、乱取り稽古の体系を確立して隆盛を極めた。明治初期に嘉納治五郎が学んだ柔術は楊心流の流れを汲む天神真楊流と起倒流である。

武術と芸能

武術とは基本的には相手を倒すための殺法である。少なくとも一方は、相手を倒す、相手の命を奪うという目的をもって戦いに臨むのである。だから戦いは常に真剣勝負である。そのため武士には、戦う勇士として質実剛健であることが求められ、日頃の生活においても倹約、質素、自己規律などの禁欲的な生き方が求められた。

だが、その一方で、弱者、劣者、敗者に対する思いやりも、武士に相応しい仁徳として称賛された。そのような優しさや憐みや愛の感情を表現するために用いられたのは主として詩歌、特に和歌であった。それは武の道に対して文の道と呼ばれ、その両方をもつことが武士の理想と考えられた。武は武略武芸であり、文は道義性や人間的魅力である。

特に鎌倉時代以降、武士が政治の実権を握るようになると、多くの武将が、詩歌はもちろん、茶の湯や能などの芸能にも親しむようになった。その結果、後に述べるように、芸の道における修行のあり方が、武術の修行にも影響を及ぼすことになるが、その過程においては禅宗が重要な役割を果たしていた。

禅宗は、鎌倉時代に宋時代の中国から伝わった仏教で、鎌倉・室町幕府の庇護のもとで日本仏教の一つとして、特に武士や庶民の間に広まっていった。栄西《えいさい》が伝えたのが臨済《りんざい》宗で、道元《どうげん》が伝えたのが曹洞《そうとう》宗である。後に江戸時代に入ってから隠元《いんげん》が黄檗《おうばく》宗を伝えている。

中でも臨済宗は時の武家政権に支持されて、各地で臨済宗の禅寺が建てられることになった。また五山文学（京都五山の禅僧による漢詩文）や水墨画など、禅僧による文化芸術活動も盛んになった。能や華道、茶道などの文化も、禅宗、特に臨済宗から生まれてきたものである。一方、曹洞宗は、比叡山で既存仏教勢力の迫害を受けたため、越前国（福井県）に永平寺を建立して、地方豪族や一般民衆の間に広まることになった。

なぜ武士の間で禅宗が広まったのか。その理由の一つには、鎌倉幕府としては、既存仏教と結びついた貴族階級に対抗するためにも、新しい仏教である禅宗を通じて全国の武士をまとめたいと考えたこと、他方、禅宗の側も、天台宗などの既存仏教と対抗するために幕府の庇護を必要としたことが挙げられる。

しかし、もっと大きな理由は、禅の修行が武士の生き方とも合致したからである。平安末期から大流行した法然の浄土宗や、親鸞の浄土真宗は、ひたすら阿弥陀如来の慈悲にすがることで極楽浄土に行けるという他力本願の信仰であった。これに対して、禅宗は坐禅の修行を通じて悟りを開くことで自ら極楽浄土に行こうとする自力本願である。こうした禅宗の持つ積極的な姿勢が、禁欲的で修行を重視する武士の生き方とも合致したのであろう。また、武士はどのような状況においても平常心を保つことが強く求められたため、坐禅を通じて心身を鍛え、無念無想の境地を目指す禅の修行が、武術の修行の先にある高次元の精神的な修行として重視されることにもなった。

文武両道の考え方は足利義満の時代に最高潮に達した。一四世紀末、室町幕府三代将軍となった足利義満（在職一三六八～一三九四）が、武家としての最高権力を持つ征夷大将軍に加えて、公家としての最高職である左大臣に就任したのである。武家と公家の両方の頂点に上り詰めた義満は、武家貴族として、公武の一体化を進めた。そして自ら芸能を愛好するだけでなく、芸能人を庇護し、武士と貴族の間の溝を埋める役割を果たした。中でも、猿楽能の観阿弥《かんあみ》・世阿《ぜあ》弥《み》父子の強力な庇護者となったことは有名である。

義満の庇護を受けた観阿弥と世阿弥は、『平家物語』や『源氏物語』や仏法の教えなどを題材にしながら、それを演劇芸術・舞台芸術にまで発展させ、現在の能である猿楽を大成させた。イギリスでシェークスピアが活躍する二〇〇年も前のことである。

その結果、織田信長、豊臣秀吉、徳川家康をはじめとして、多くの武将が能に魅了され、自ら能に親しむことになった。それだけでなく、信長と秀吉は画家の狩野永徳を重用して安土城・大阪城・聚楽第などに障壁画を制作させたり、茶人の千利休を重用して茶道を大成させたりもした。また、家康が書家の本阿弥光悦《ほんあみこうえつ》を庇護したこともよく知られている。このように日本を代表する戦国武将たちは、自ら詩歌はもとより能や茶の湯などにも親しみ、文化人あるいは教養人として日本の芸術文化の興隆にも重要な役割を果たしたのである。

「道」を究める

世阿弥（一三六三〜一四四三）は多くの伝書を遺したが、中でも一五世紀初頭の『風姿花伝《ふうしかでん》』は、芸術理論の基礎をなす画期的な名著として高く評価されている。そのため古くから多くの人に愛読されてきたと思われるかもしれないが、実は、『風姿花伝』は秘伝書として観世宗家や金春家などに秘蔵され、一般にはその存在すら知られていなかった。それが初めて広く世に知られるようになったのは、二〇世紀に入って一九〇九（明治四二）年に初めて学会で発表されてからである。

『風姿花伝』の中で世阿弥は、能を歌道と並ぶ「道」として位置付けている。「道」という言葉は、人としてのあり方や生き方という意味で用いられ、一般的には、一つの物事を通じて生き様や真理の追究を体現することや、自己の精神の修練を行うことといった意味合いで使われている。古くから歌道という言葉が存在していたが、そうした考え方が、茶道や華道などの芸事にも取り入れられたのである。そのうえで世阿弥は、道であるからには、①非道に関わってはならない、②好色・博打・大酒はいけない、③稽古は強かれ、情識はなかれ、と説いた。
「非道に関わるな」というのは、「能以外のことに関わることなく、明けても暮れてももっぱら能のために心を用いよ」ということである。ただし、歌道だけは例外で、むしろそれを習得することを勧めている。その理由は、歌道が単に情操を養うだけでなく、能を作るためにも必要とされたからであった。「好色・博打・大酒がいけない」のは、そのような行為は一座の統制を乱す原因となるからである。「稽古は強かれ、情識はなかれ」とは、「稽古は厳しくあれ、我意を立て固執することはしないように」という意味である。我意を張れば芸域が狭くなってしまうからである。

世阿弥は「学ぶ」ことの意味も説いた。学ぶことは「真似ぶ」ことでもあるから、初めに形をしっかり身につける必要があると述べている。

芸には「花」が大事だ。芸道における究極の目的は、「まことの花」としての芸を身につけることである。「まことの花」とは、稽古と工夫を極めたところに成立するものであって、散ることのない花である。一〇代や二〇代のころに一時的に現れる花は「時分の花」、すなわち、年齢によって現れ、年齢が過ぎれば散っていく花であって、これを「まことの花」だと錯覚してはいけない。三〇代までに「まことの花」を身につけていないと、その先は老いとともに衰えていく。三〇代、四〇代の厳しい研鑽と工夫を通じて得られた「失せない花」こそが「まことの花」であり、それを身につけることが芸の目的である。

そのためには、何よりも「初心忘るべからず」の心構えが大事だ。この言葉は今日でもよく使われるが、これを初志貫徹の意味で用いるのは誤りである。本来の意味は、初心者だったころの「自分は未熟である」という謙虚な気持ちを、いつまでも持ち続けて努力しなければならないということである。

『風姿花伝』以後の著述を集成した『花鏡《かきょう》』（一四二四年）の中において、世阿弥は、道を究める人の心構えとして三つの初心が重要だと述べている。第一は「是非の初心」で、これは自分の長所と短所をしっかり自覚し、短所を補うことである。第二は「時々の初心」で、年を重ねて上達しても、その時その時で、初心者の心を忘れないことである。第三は「老後の初心」である。こうした努力を継続することによって、やがては教えられた殻を破り、そこから離れて自らの新しい境地を見いだすことができるようになる、と述べるのである。こうした芸道の修行には武術の修行と相通ずるものがある。

修行の三段階──守・破・離

芸道における修行の過程を「守・破・離」という三段階で表すことがある。「守」とは師の教えを忠実に守ること、つまり基本である。「破」とは自分で考え工夫すること、つまり自立である。「離」とは独自の新しい世界を確立すること、つまり創造である。

この言葉の由来については諸説あるが、その一つに、わび茶を完成させた千利休《せんのりきゅう》（一五二二〜一五九一）の教えをまとめた「利休道歌」にある「規矩作法《きくさほう》　守り尽くして破るとも　離るるとても本を忘るな」という歌にある三文字を引用したものだとの説がある。いずれにしても、守・破・離は修行における三つの段階を示すものであって、初心者がいきなり破や離に到達しようとしてもできるものではない。守の段階を経て初めて破の段階に至るのであり、破の段階を経て初めて離の段階に至るのである。そして「本を忘るな」とあるとおり、たとえ基本から離れたとしても、根本の精神を見失ってはならないのである。

この守・破・離という芸道の修行過程は、武術の修行にもそのまま当てはまる。最初は教わった形をしっかり身につけることが重要で、そのうえで自分自身の形を確立し、そこからさらに、形にとらわれない自由な心境に到達するのである。そのため、武術の修行過程も守・破・離の三段階で説明することが多い。さらに今日では、守・破・離という言葉は、茶道や武道に限らず、人が人間として成長するうえでの重要な過程を示すものとしても広く用いられている。

形はどのようにして伝承されたのか

芸道や武術の稽古において重要な役割を果たすのが形である。剣術の稽古も、多くの場合、木刀を用いた形稽古が中心であった。形は先人の体験・工夫の中から生み出された一連の動作を磨き上げて定型化したものであり、そこには、言葉や単純な動作では伝えられない複雑で奥深い術理が含まれている。特に重要なのは、身体動作だけでなく、気・間・呼吸・心のあり方などの複雑な技法が一つのまとまった技として含まれていることである。これらの技法を身につけるうえで、芸道の修業から学ぶべきことが多いのである。

武術においては形の稽古は重要ではあるが、形を正確に演じることが修行の究極の目的ではない。形が伝える技法を身につけ、それを実戦に生かすことが重要な目的である。つまり、形から入るが、形にとらわれ過ぎてはいけないのである。その点においても、武術の稽古は、世阿弥の説く能の稽古法と基本的に変わるところがない。

形の中には芸道の本質が凝縮されている。形はそれ自体が貴重な創作品であるだけに、そう簡単に誰にでも教えるわけにはいかない。そのため形は、各流派の秘伝として親から子へ、あるいは師から弟子へと伝授・継承されるようになった。そこから、家元による免許制度が採用されることにもなった。

茶道や能などの芸道において専門性の高い技術を継承していくには、代々その技術を受け継いでいく人を育てることが重要な課題となる。そのために必要なのは、小さい頃からの一対一の師弟関係を通じた厳しい訓練であり、その機能を果たすのが「家」である。家という制度が、専門性の高い人材を育成するための装置として機能しているのである。このようにして家を通じて特定の流派が継承されていくことは、日本の「道」の世界の特徴と言っていい。

このことを世阿弥は、「家、家にあらず。次ぐをもて家とす。人、人にあらず。知るをもて人とす」と説明した。その意味は、「家は、ただ家があるから家ではなく、代々にわたって伝統を伝えるものがあって初めて家といえる。人も、単に人であるから人ではなく、専門性の高い知識や技術が身について初めて人といえる」ということである。これは芸道の伝承における人と家の関係を的確に言い表す言葉であるが、武術の流派の継承においても同様のことが言えるであろう。

極意は「戦わずして勝つ」こと

戦国時代までの武士は実戦で戦う戦闘者だった。しかし、江戸時代になると、武士はもはや実際に武器を持って戦う戦士ではなく、為政者となった。今日でいえば行政官あるいは公務員である。そのためには学問を身に付け、他の階級の模範として尊敬される人間になることが要求された。

しかし、そのような時代にあっても、武士としての覚悟を養うために武術の修練は必要とされた。徳川幕府も武士の嗜みとして武術を奨励した。そのため各藩の大名たちはすぐれた武芸者を自藩に抱えて、家臣に武芸を伝授させた。ところが、時代の変化とともに、武術の修練のもつ意味が変わっていった。

中でも注目されるのは、戦国時代を生きた武術流派の創始者たちが、命がけのやりとりの中で相手に勝つ方法を求めながらも、最終的には、相手と戦わない方法、平和に治める方法が最良と考えるようになったことである。「勝つことがすべて」という武術から、「戦わずして勝つ」ことを最善とする武術へと変化していったのである。

新陰流の柳生石舟斎宗厳の言葉に「他流勝つべからず。昨日の我に今日は勝つべし」というのがある。この言葉も、道としての武術のあり方を示したものに他ならない。こうして武術の稽古は、実戦に生かすことを目的とした修練から、次第に自身の人間的な成長や精神修養を目指す「道」としての修練へと変わっていった。こうした武術観の変化の中には、禅の思想や能

・茶道をはじめとする芸能の影響を見ることもできる。

千利休が茶の湯を提唱したのは、社会が腐敗していた戦国時代にあって表裏のない美しい自然に帰ることを訴えるためであった。そのため、何よりも簡素を大事にし、自然に振舞う何の飾りもない自分を発見するための自己抑制的な茶の湯を提唱したのである。それは一面では、奢侈に対する抗議であったが、それだけでなく、当時の社会に広がっていた好戦的精神や階級差別に対する抗議でもあった。だからこそ、茶室には武器を持ち込むことは許されなかったし、茶の湯に招かれた人は、身分の違いに関係なく誰とでも同席することができたのである。そこに利休の茶の湯の重要な意味が込められていたのであった。

殺人刀から活人剣へ

江戸時代初期に武術における「道」の思想に大きな影響を与えたのは、徳川家康に仕え、二代将軍秀忠、三代将軍家光の兵法指南役を務めた柳生但馬守宗矩《やぎゅうたじまのかみむねのり》（一五七一〜一六四六）であった。彼の著した『兵法家伝書《へいほうかでんしょ》』（一六三二年）は、能の伝書や禅の思想をも加味しながら兵法の本質を述べたもので、当時の大名や旗本の教養の書として広く読まれ、剣術に限らず各種武芸にも大きな影響を与えた。

宗矩は『兵法家伝書』において、「活人剣《かつにんけん》」「大なる兵法」「無刀」「剣禅一致」などを説き、相手を圧殺する「殺人刀《せつにんとう》」に代わって、相手を働かせて勝つ「活人剣」を兵法の理想とする考えを示した。

その考え方を明確に表わすのが、「兵法は人をきるとばかりおもふは、ひがごと也。人をきるにはあらず、悪をころす也。一人の悪をころして、万人をいかすはかりごと也」という言葉である。その意味は、戦国時代が終わったからといって武器が不要になったわけではなく、一人の悪によって万人が苦しめられているとき、その悪を殺して万人を活かすために武器を用いる必要がある、ということである。

この考え方に基づいて、宗矩は、「治まれる時乱をわすれざる、是兵法也」、すなわち、諸国が治まっている時にも乱を忘れないという心構えこそが兵法である、と説いた。「治にいて乱を忘れず」である。それによって、戦国時代を経て迎えた太平の世における剣術の存在意義を明らかにし、殺法としての武術を人間的修練のための武道へと高めるきっかけを作ったのである。

宗矩は「機を見る」ことを重視した。機を見るのは「心」の働きである。心とは内面にある「志」であり、志が外面に発したものが「気」である。「機」はすなわち「気」であって、それが身体・手足を働かす元になっている。ここで大事なことは、「志」が主人で、「気」が従者であるということだ。「気」が暴走して「志」から離れてしまってはいけないし、「志」が「気」に引きずられてもいけない。そして、勝負においては相手の「気」が発する前に自分から仕掛けることが重要であると述べて、それを「機前の兵法」と称した。

剣禅一如

柳生宗矩は能に造詣が深く、その教えを剣の道に取り入れたが、禅の影響も強く受けている。伝書においても、「兵法の、仏法にかなひ、禅に通ずる事多し。中に殊更著《ことさらじやく》をきらひ、物ごとにとどまる事をきらふ」、つまり、「兵法は仏教の教えにかない、禅に通じることが多いが、中でも、執着すること、物ごとに心が止まることを嫌う」と述べて、心を一箇所に止めないことの重要性を強調した。大切なのは「平常心」であり、虚心、あるいは無心の境地である。

そこから生まれたのが「剣禅一如《けんぜんいちによ》」という考え方であった。宗矩は、徳川三代将軍家光に技の極意を教え終わった後、「私が教えられるのはここまでで、ここから先は禅の教えに譲らなければならない」と述べた。こうした「剣禅一如」の境地を宗矩に説いたのは、臨済宗の僧・沢庵宗彭《たくあんそうほう》（一五七三〜一六四六）であった。

一方、柳生宗矩よりひと回り年下の宮本武蔵（一五八四〜一六四五）は、若い頃に六〇回以上も勝負をして負けなしという剣豪だが、晩年になって、実戦で勝つための心構えや技法を書き記した『五輪書《ごりんのしよ》』（一六四五年）を著した。その中では、構え方、足の踏み方、目のつけ方などが具体的にわかりやすく説明されていて、極めて実用的な内容になっている。武蔵が特に強調したのは、勝つことこそが兵法の目的であるということである。そして、そのためには平常心を保つとともに、視野を広くして的確な判断力を養う必要があるが、それだけでなく、相手の強弱を知って先にしかけること、すなわち、相手のことをよく知り、相手の虚を突き、相手を追い込み、常に自分を有利な立場に置いておくことが重要だと述べる。それを若い頃に実践したのが有名な佐々木小次郎との巌流島での決闘であった。

　このとき武蔵は約束の時間より三時間も遅れて巌流島に到着し、太陽を背にすると、自慢の長尺の刀を抜いて待ち構える小次郎に向かって「小次郎っ。負けたり！」と叫んだのである。待たされた上にますます逆上した小次郎は、一気に武蔵に斬りかかった。小次郎の長尺の前には武蔵の刀も太刀打ちできない。だが武蔵は刀を抜かず、あらかじめ船中で削っておいたカイを手にして小次郎の脳天を直撃したのである。

　このように戦国時代末期から江戸時代初期にかけて、柳生宗矩と宮本武蔵という両雄がほぼ同じ時期に現れ、ともに名著を通じて、太平の世における武術のあり方を説いているのは興味深い。ただし、二人の兵法論には微妙な違いが見られる。すなわち、宗矩は幕府の参謀役として、太平の世における将軍や大名など指導者の心構えに焦点を当てて、精神性を重視した兵法を説いた。これに対して武蔵は、熊本藩の客分として、太平の世にあって乱に備えるための身体性を重視した実践的な剣術論を説いたのである。しかし、だからといって宮本武蔵は勝つことだけに命を懸けた剣の道一筋の武術家だったと早合点してはならない。彼はまた一流の書家であり、画家であり、文人でもあった。

武芸の目的は自己鍛錬

　この時代には、剣術の稽古方法も変化しつつあった。それまでは木刀を用いた寸止めの形稽古を主としていた。それが、袋竹刀が考案されたことから、より安全な稽古に行うことができるようになった。だがそれでも、形稽古だけでは、実際の勝負に必要な気や心の奥深いところまで身につけることは難しく、表面的な形を覚えるだけになってしまいかねないという問題があった。

しかし、その後、防具が発達したことから、防具を着用し、袋竹刀、あるいは四つ割りの竹刀を用いた打込み稽古が可能になった。それによって大勢の弟子を相手に指導することが可能になり、その結果、試合形式の稽古法が広く普及して、江戸時代中期から後期にかけて撃剣の隆盛期を迎えることになったのである。ただし、当時の竹刀を用いた打込み稽古は、あくまでも真剣勝負に勝つための手段であり、自己鍛錬を目的とするものであって、今日の剣道のように競技を目的とするものではなかった。

その後、撃剣（剣術）や柔術をはじめとする江戸時代の武術は、明治維新を迎えると、武士階級の消滅や軍事技術の近代化に伴って、一時は衰退してしまう。そして明治中期以降、剣道や柔道などといった現代の武道として生まれ変わるのである。その経緯については第3章及び第4章で詳しく述べたとおりで、かつての武術は近代スポーツの考え方を導入しながら、現代的な武道として新たな発展の道を歩み出した。その過程において、柔術においては講道館柔道が標準形とされ、撃剣（剣術）の場合は、各流派の代表による協議を経て、大日本武徳会において統一剣道形が制定され、今日の剣道へと発展していくのである。

本章においては、武道の基盤となっている武術の理念の変遷を振り返ってみた。その中では、もともと殺法から出発した武術が、能や禅などの影響を受けながら、後には「戦わずに勝つ」ことを最善とする武術へと変化していったこと、さらに江戸時代になると、剣術や柔術の修練が敵を倒すためではなく、自己鍛錬のための武芸となっていったことを見てきた。次章では、現代武道の精神的支柱ともなっている武士道精神とは何かということを考えてみたい。

第8章

武士道の理想は「平和」だった

「武士道」は二〇世紀の言葉

今日、武士道という言葉は、武士の生き方や心構えを表す言葉として広く使われている。しかし、それは古くから使われていた言葉ではなかった。今日のような意味合いで広く使われるようになるのは明治末期以降のことである。その意味で、「武士道」は二〇世紀の言葉である。しかし、その意味するところは必ずしも明確ではなく、かなり曖昧である。

日本の歴史上、武士が誕生したのは平安時代のことであった。それ以前の律令制度の下では土地の私有が認められず、公有が原則であったが、その後こうした土地制度が崩壊して貴族や僧侶による土地の私有化が始まり、土地をめぐる争いが頻発するようになった。そのため、貴族や寺は自分たちの土地を守るために、用心棒を雇ったり、自ら武装したりするようになり、その中から武器をもって戦うことを専門とする武装集団が誕生した。中でも有力な一族となったのが、第五〇代桓武天皇の流れを汲み、西国（関西より西の地方）を中心に勢力を広げた平氏と、第五六代清和天皇の流れを汲み、東国（関東）を中心に勢力を広げた源氏である。

これらの戦闘集団は武士あるいは侍と呼ばれるようになった。そうした戦闘集団の中から生まれたのが、戦う戦士に共通する意識や行動様式であり、それがいわゆる武士道の始まりになったと考えられる。だが、武士道という言葉そのものが使われるようになるのは、すっと後のことである。

戦国時代の戦闘的武士道

平安・鎌倉時代の武士は「弓箭《ゆみや》（弓矢）とり」などと言われていた。武士道に当たる言葉としては、「弓箭の道」などが使われていたが、それは武士らしい能力や習慣などを表現する言葉であって、必ずしも今日のような倫理道徳を意味するものではなかった。

その頃の武士は、もちろん強くなければならなかった。しかし単に力が強いだけではなく、名誉、勇気、平静心なども重視された。武士の勇気と平静心を示した事例としては、平安時代中期における安倍貞任《あべのさだとう》の逸話が有名である。

一一世紀半ばの前九年の役における衣川柵（現在の岩手県奥州市内）の戦いにおいて、陸奥国（現在の東北地方）の豪族安倍貞任は敗軍を率いて逃げる途中、ついに敵の大将源義家《みなもとのよしいえ》に追い付かれてしまった。追い付いた義家はそこで大声で「衣のたては綻《ほころ》びにけり」と即興の一句を詠んだ。これは、鎧の下の衣服が傷んでほころびているという意味だが、衣川の砦はもう落ちたぞという意味も込められている。すると貞任は落ち着き払って、「年を経し糸のみだれの苦しさに」と上の句の五七五をつけて返したのである。長い年月の戦いで衣の糸も擦り切れてしまい苦しいという意味である。それを聞いた義家は引き絞っていた弓をゆるめて、そのまま貞任を逃げるにまかせた。その理由について義家は、「敵に激しく追われながらも心の平静を保っている剛の者を恥かしめるのは忍びない」と答えたという。

この逸話は、貞任の勇気と平静心を称えたものだが、同時に義家の貞任に対する思いやりを示すものでもある。実際、武士には強さと勇気が求められた反面、弱者や敗者に対する思いやりの心、すなわち惻隠の情も、武士に相応しい徳として称賛された。惻隠の情を称える代表的な事例としては、これまた人口に膾炙《かいしゃ》し、能や歌舞伎にも取り上げられている平安時代末期の熊谷直実《くまがいなおざね》の逸話がある。

一二世紀末に源氏と平家が争った一の谷（現在の神戸市内）の合戦において、源氏側の荒武者熊谷直実は敵の一人（平敦盛《たいらのあつもり》）に追い付き一騎打ちで押さえつけた。だが、そういう場合、組み敷かれた者が高い身分あるいは自分よりも強い者でなければ血を流すことは許されない。そこで相手の名を問うたところが相手はどうしても名乗ろうとしない。それではと直実が相手の兜をはぎ取ると、そこにはまだ髭も生えそろわない美しい若者の顔が現れたのである。直実は若者に「追手が来ないうちに逃げるよう」命じたが、若武者は立ち去ることを拒み、「両人の名誉のためにその場で殺してくれ」と乞うた。直実はなおも逃げるよう懇願するが若武者は聞き入れない。そのうちに味方の軍勢の近づく足音が聞えてくる。そこで直実は、「このまま名もない人に殺されるよりは自分の手で始末し供養をしよう」と言って、念仏を唱えて刀を振り下ろした。刀は若武者の真っ赤な血で染まった。その後、直実は武士の生涯を捨て、頭を剃り僧衣をまとい、余生を巡礼に捧げたのである。

ところがその後、群雄割拠と下克上の戦国時代になると、武士にとっては戦いに勝つこと、勝って生き残ることがすべてであり、そのためには手段を選ばないという時代を迎える。そのような時代の武士に要求されたのは、何よりも勇猛果敢な行動、敵に侮られない強さと勇気であった。今日一般的に理解されているような忠誠心や正義などは重視されなかった。だまし討ちさえも批判されるべきことではなかった。その代わり、味方を裏切る行為や臆病な振る舞いはもっとも不名誉なこととされた。

「武士道」や「武道」という言葉が登場するのは、こうした戦国時代の末期からであるが、その意味するところは、あくまでも戦闘者としての武勇を中心にした倫理感覚であり、あえて言えば「戦闘的武士道」である。

そのような戦国時代に形成された武士道の思想を集大成したのが『甲陽軍鑑』である。『甲陽軍鑑』は甲州流軍学の創始者・小幡勘兵衛景憲《おばたかんべえかげのり》（一五七二〜一六六三）が、江戸時代の初めに元の主君である甲斐（現在の山梨県）の戦国大名武田信玄の事績やその家臣の行動などを中心に編纂した軍学書であるが、その中では「武士道」という言葉を用いて武士の心得が説かれており、その後の武士道論にも大きな影響を与えることになった。

江戸時代の儒教的武士道

その後、江戸時代になると、武士のあり方が大きく変わった。武士が刀をもって殺し合う時代は終わりを告げたのである。その後二五〇年以上の長きにわたる平和な時代が続く中で、江戸時代の武士はもはや戦う戦士ではなくなり、為政者として士農工商の身分制度の頂点に立つ存在となった。

徳川幕府を開いた徳川家康は、将軍家の正統性を確立するために、鎌倉時代に日本に入ってきた儒学である朱子学を用いることにした。その結果、江戸時代の日本は武力ではなく徳の力で支配する社会になった。これが徳治主義といわれるものである。慶長二〇年（一六一五年）、大坂夏の陣で豊臣家が滅ぼされた後、「元和《げんな》」と改元されたことも、この時代の変化を象徴している。

そのような時代になると、武士は武術に励むだけでなく、学問を身に付け、あらゆる分野で他の階級の模範となり、尊敬される人間になることが求められるようになった。それに伴って、旧来の戦闘的武士の生き方とは異なる新しい倫理道徳規範が求められるようになった。そこで重要視されたのは、主君に対する忠誠を中心にした儒教的な倫理道徳である。

そうした立場から、戦いのない時代の武士の存在理由を確立するための新しい武士道を体系化したのが、江戸時代前期の儒学者・兵学者山鹿素行《やまがそこう》（一六二二～一六八五）であった。

山鹿素行の武士道論は、門人に編集させた『山鹿語類』（一六六五年）の中に集大成されているが、その中で素行が唱えたのは、封建的な上下関係を基本に、死を覚悟するだけでなく、平和な社会の守護者として忠・信・義を重んじ、「文武の徳知」を重視する武士道であった。それを彼は「士道」という言葉で言い表した。「義」を重視した山鹿素行の思想は、後に吉良上野介邸討ち入りを実行した赤穂藩の家臣たちにも影響を与えたと言われる。

このように、山鹿素行が唱えた士道とは、『甲陽軍鑑』で理想とされた戦国時代の武士の生き方とは一線と画すもので、いわば儒教的武士道である。私たち現代人が武士道という言葉から思い浮かべるのは、おそらくこの江戸時代の武士の生き方ではないだろうか。

『葉隠』武士道とは何か

ところが、江戸時代も一八世紀に入ると、武士の公家化、町人化、女性化が進み、かつての武士らしさが失われていった。そのような太平の世にあって、油断を戒め、死を覚悟することの重要性を説いたのが江戸時代中期の『葉隠《はがくれ》』である。これは、佐賀鍋島藩士で出家隠遁の身となった山本常朝《やまもとじょうちょう》（一六五九〜一七一九）が、一七一〇（宝永七）年から一七一六（享保元）年までの七年間にわたり、後輩の田代陣基《つらもと》を相手に武士の心構えについて語ったものを田代が筆録して編集したもので、言ってみれば、隠遁者の回想録である。

したがって、もともと多くの人に読んでもらうつもりで書かれたものではなく、鍋島藩の中で秘本として伝わっていただけで、藩の外ではその存在すら知られていなかった。それが初めて世に知られるようになったのは、日露戦争後の一九〇六（明治三九）年、その一部を抜き書きした抄本が刊行されてからのことである。

『葉隠』は、武士の心構えを、①武士の道におくれをとらぬこと（武勇）、②主君のお役に立つこと（忠義）、③親に孝行を尽くすこと（孝行）、④人のために尽くすこと（慈悲）という四つの誓願を根本方針として、数多くの具体的な事例を挙げながら説いている。それは基本的には

『甲陽軍鑑』に示された戦国武士の生き方を理想とする武士道論といっていい。

だが、その後『葉隠』は、日本が軍国主義的色彩を濃くする時代において代表的な武士道教本として取り上げられ、中でも聞書第一の冒頭にある「武士道と云は死ぬ事と見付けたり」という言葉が一人歩きして、あたかも「潔《いさぎよ》く死ぬ」ことが武士道であるかのような誤解を生むことにもなった。

たしかに、常朝は、生きるか死ぬかのいずれかの決心が必要な場合には死ぬほうを選ぶべきだと述べている。しかし、それは、死の確率の高いほうを選んでさえいれば、仮に結果が自分の思い通りにならなかったとしても少しも恥にはならないという理由からであって、死ぬことを勧めているわけではない。常朝の真意は、太平の世にあっても常に死を覚悟することが重要であり、その気持ちを強く持って仕事をすれば、一生落度もなく立派に藩士としての務めを果たすことができるということにあった。

さらに常朝は、いかに太平の世とはいえ、主君への奉公に命をかけることが武士の務めであり、出家した身でもないのに、座禅や詩歌などに心を寄せるのは中途半端で見苦しいといって批判している。これも同様に、武士道には「死の覚悟」が必要だと述べているのであって、決して「潔く死ぬ」ことを奨励しているわけではないのだ。

だが、その後の日本においては、合理的思考が置き去りにされて非合理的な精神論が声高に唱えられるようになり、それが昭和期の不幸な戦争へとつながっていった。一九四一（昭和一六）年に陸軍が制定した戦陣訓の中には、「生きて虜囚の辱《はずかしめ》を受けず」という有名な一節があった。それによって多くの兵士が捕虜となるよりも自害の道を選んだと言われているが、それは本来の武士道精神とはまったく相容れない歪んだ考え方と言わざるをえない。

江戸末期に広く読まれた『武道初心集』

同じく江戸時代中期の武道書に、兵学者・大道寺友山《だいどうじゆうざん》（一六三九〜一七三〇）が晩年の一七二五（享保一〇）年頃、八〇代半ばで著した『武道初心集』がある。

『武道初心集』は、武士の子弟のために武士としての基本的な心構えを分かりやすく丁寧に説いたもので、その冒頭において著者は、「武士たらむものは、正月元日の朝、雑煮の餅を祝ふとて、箸を取る初より、其年の大晦日の夕べに至るまで、日々夜々、死を常に心にあつるを以て、本意の第一と仕り候」と述べている。これは、常に死の覚悟をもって務めを果たしていけば、武士としての道を踏み外すことはないということを説いたものであり、このように「死の覚悟」を強調する点で、『葉隠』とも共通している。

また、武士道の徳目についても、『武道初心集』では忠、義、勇の三徳が肝要だとしているが、『葉隠』が四誓願に挙げている徳目（武勇、忠義、孝行、慈悲）も、突き詰めれば、この三徳にほかならない。

このように両書には共通するところが多いが、しかし、違いもある。たとえば、『武道初心集』では、武士は農工商の上に立って仕事をするからには、「学問を致し、博く物の道理を弁へ」なければならないとか、武士は単に強いだけでなく、「学問は勿論、其余暇には、歌学、茶の湯など」も少しずつ習いおぼえるのがよい、などと述べている。このように武士にも学問や教養が必要だという考え方は、『葉隠』の主張とは正反対のものであり、江戸時代に盛んになった儒学の影響を受けたものといえる。

こうしてみると、『葉隠』は、太平の時代にあって緊張感を失ってしまった武士たちに警鐘を鳴らすために、今は過去となった戦国時代における戦う武士の伝統に沿った武士道を熱く説いた書であるのに対して、『武道初心集』のほうは、単に過去の武士道に理想を求めるだけではなく、太平の時代に儒教的体制の下で為政者としての役割を果たさなければならなくなった武士に要求される、新しい現実的な武士道を説いたものであるということになる。

その意味では、『武道初心集』は山鹿素行の士道論の流れを汲んだ武士道論といえるであろう。ちなみに、著者の大道寺友山は、山鹿素行の兵学の師であった小幡景憲(『甲陽軍鑑』の編纂者)や北条氏長の弟子であり、さらに素行にも学んだ兵学者であった。

こうして『武道初心集』は、特に江戸時代後期の一八三四(天保五)年に改編・出版された松代版が広く一般に普及し、多くの武士に読まれることになったのである。

「武士道」の名を世界に広めた新渡戸稲造

武士道という言葉を広めた最大の功労者は、何と言っても新渡戸稲造《にとべいなぞう》(一八六二〜一九三三)であろう。今日、武士道を論じる際に必ず登場するのが、彼が英文で書いた『武士道』である。『武士道』は一九〇〇(明治三三)年にアメリカで出版され、その後、各国語に翻訳されて今でも世界中で読まれている。では新渡戸のいう武士道とはどういうものか。

新渡戸の『武士道』は、鎌倉時代の武家政権の登場に先立つ平安末期からの具体的な事例を紹介しながらも、そこで論じられているのは、主として儒教の影響を受けた江戸時代における武士の倫理道徳を基盤とする武士道である。その意味では「士道」の概念に近いともいえるが、必ずしも厳密な歴史的背景を踏まえたものではなく、かなり曖昧で観念的な概念として武士道という言葉が用いられている。

新渡戸稲造

『武士道』

新渡戸は、武士道を「武士の掟」であり、「武人階級の身分に伴う義務」（ノブレス・オブリージュ）であると説明した。そこには仏教、儒教、神道の影響が見られるという。そのうえで、武士道の徳目について、義・勇・仁・礼・誠・名誉・忠義などを取り上げて、欧米人に分かりやすく体系的に解説している。以下にその要点を紹介しよう。

義・勇・仁・礼・誠

武士道の徳目は、儒教でいう「五常」（仁、義、礼、智、信）、あるいは「五倫」（君臣の義、父子の親、夫婦の別、長幼の序、朋友の信）とも共通するところが多い。このことからも武士道が儒教の影響を強く受けていることがわかる。

儒教においては、「人を治める者の最高の必要条件は仁にある」とされることから、「仁」が五常の最初に登場する。しかし、新渡戸は、武士道の徳目の説明を「仁」からではなく、「義」(justice) から始めている。

「義」を最初にもってきたのは、それが武士にとって最も厳しい教えだったからである。なぜ最も厳しいかというと、武士に不可欠とされる勇気も、正義のために発揮されるのでなければ徳としての価値はないからである。実際、武士にとっては、卑劣な行動や不正な行為ほど忌み嫌われるものはなかった。だからこそ、文人統治の中国では仁に基づく文徳が理想とされたのに対し、武家社会の日本では義に基づく武徳が理想とされたのである。新渡戸が義を最初にもってきた理由は、それだけでなく、義が明治日本の精神を表しているからでもあり、また欧米人、特にアメリカ人にとって理解しやすいと考えられたからでもあった。

勇は勇敢な行為のことだが、義を果たすための正しい行為でなければならない。勇は外に見える行為だけでなく、人の内面にも宿る。それが平静心である。新渡戸は、武士が平静心を発揮した例として、先に挙げた安倍貞任の逸話などを紹介しているが、真の勇者の心情を表すもう一つの例として、日本海に面した越後の戦国武将上杉謙信(一五三〇～一五七八)の態度も挙げている。

謙信の宿敵は甲斐国の武田信玄であった。その信玄は必需品である塩の供給を東海道の北条氏に頼っていたが、北条氏が信玄との塩の交易を禁じたため窮地に陥ってしまう。それを聞いた謙信は、信玄に手紙を送り、「これは極めて卑劣な行為だ。自分は貴公とは剣で戦うのであって、塩で戦うのではない。今後は塩は自分のところからいくらでも送らせる」と伝えたのである。謙信は信玄と一四年間にわたって戦ったが、信玄の死を聞いたときは「最善の敵」を失ったといって慟哭したという。新渡戸はこのエピソードを紹介し、「勇がこの高さに達した時、それは仁に近づく」と述べて、謙信を称えている。

仁は、惻隠の情であり思いやりである。新渡戸は、儒教だけでなく武士道においても仁は最高の徳であると述べ、仁を体現した理想的な封建君主として、江戸時代後期に東北の米沢藩第九代藩主となった上杉鷹山《ようざん》（一七五一～一八二二）の名を挙げている。鷹山は、「国家人民のために君（藩主）があるのであって、君のために国家人民があるのではない」という民主的な思想の持ち主であった。また彼は心身障害者の妻を生涯にわたって限りなくいたわり続ける深い愛情の持ち主でもあった。その愛と徳をもって藩政改革と財政再建に取り組み、封建制が決して専制ではないことを内外に示したのである。

新渡戸は、さらに、「弱者、劣者、敗者に対する仁は、特に武士に相応しき徳として賞賛せられた」と述べて、先に挙げた一ノ谷の合戦における熊谷直実の逸話も紹介している。

礼は、他人の感情に対する同情的な思いやりが外に現れたものであり、それは正当なものに対する正当な尊敬を意味している。礼法は厳格になりすぎることもあるが、正しい礼法を行えば、身体と環境とがうまく調和して、肉体に対する精神の支配を表わすようになり、その結果、無駄な力を使わないですむ。したがって、礼は一定の結果を達成するために最も適切な方式であり、たとえば茶の湯に代表されるように最も無駄のない、最も優美な作法なのである。

誠とは、嘘や偽りがないことである。それは内面的な徳であり、それがなければ礼も茶番あるいは芝居にすぎなくなる。誠なくしては義を発揮することもできない。嘘をついたりごまかしたりするのは卑怯なこととみなされたし、弁明やいいわけは武士にあるまじきこととして否定された。だから、武士の一言は真実の保証であり、武士に二言はないのである。

『武士道』には、智については独立した章は設けられていないが、「武士の教育」の中で智についても触れられている。それによれば、武士道においては、知識はそれ自体に価値があるのではなく、あくまでも実践としての智慧を身につけるための手段に過ぎないと考えられていた。そのため、武士の教育においては、知識を身につけることよりも、人格を形成することが重視された。武術の修錬においても、単なる技術の習得以上に、平静心を養うことが重要視された。平静心を養うために不可欠となるのが「克己」(セルフコントロール)である。

名誉・忠義・孝

武士道の徳目で最上位に置かれたのは名誉である。名誉を汚されるのは恥辱であった。つまり、武士の道徳観を支えていたのは、正しい行いから得られる名誉の感覚と、それに反する行いを恥ずかしいと感じる恥辱の感覚である。

ところで、恥辱といえば、かつてルース・ベネディクトが一九四六(昭和二一)年に著した『菊と刀』において、西洋が罪の文化であるのに対して日本は「恥の文化」だと述べたことがある。その中では、恥とは「外的強制力にもとづいて善行を行う」ものであると説明していた。

だが、そのような解釈は日本文化の本質を見誤っていると言わざるをえない。武士道における恥とは、義勇や忠義などに反した行為を、名誉を汚すものと感じる感覚である。それは周囲がそう感じることもあるが、むしろそれ以上に本人が、武士としての名誉を汚したことを心から恥じるのであって、これを外的強制力による他律的なものとみなしたのでは、恥の本質を見誤ってしまうのである。廉恥心が武士にとって幼い頃から教わる最初の徳の一つとなったのも、それが名誉に関わる問題だからであった。このことからも、武士道の根本は「名を惜しみ、恥を知る」ことであると言っていいのだ。

忠義は忠誠と言い換えてもよいが、要するに主君のために尽くすことであり、命を捧げることである。それを実行した人は忠臣として後世にまで高い評価を受ける。「忠臣蔵」に登場する四七名の赤穂浪士はその代表的な例である。

新渡戸はある忠臣の物語を次のように紹介している。これは歌舞伎の「菅原伝授手習鑑・寺子屋の段」としても知られる平安時代前期の学者・政治家菅原道真《すがわらのみちざね》（八四五〜九〇三）に関する話である。

道真は政敵の嫉妬《しっと》讒言《ざんげん》によって都を追われ、流罪の身になったが、敵はその一族をも全て滅ぼそうと、道真の幼い子をさがし求めた。そしてついに道真の旧臣武部源蔵が、その子を里の寺子屋にかくまっていることを知り、源蔵に「子どもの首を打って差し出せ」と厳命した。命令を受けた源蔵が思いついたのは、適当な身代わりを見つけることだった。だが寺子屋で学ぶ少年たちの中にはかくまっている幼君に似たものはいなかった。すると、そこに寺子屋入りを頼んできた母と子があった。その子は幼君と年格好も同じ、その面ざしもよく似ていた。源蔵は心ひそかにこの子を身代わりにしようと心に決めた。そして定められた日、検視の役人がやってきた。源蔵は刀の柄に手をかけ、もし計略がみやぶられたならば、検視の役人を斬るか、自刃しようと身構えていた。検視の役人は無残な首を引きよせて、その特徴を仔細に改め、落ち着いた事務的な口調で本物であると言った。

その夜、人里離れた一軒家では、寺子屋を訪れた母親が待っていた。そこへ夫の松王丸が帰ってきて言った。「女房喜べ。倅はお役にたった」と。彼こそは、少年の首を確認する役目を命じられた検視の役人であった。松王丸の父は長い間、道真の恩顧を受けていたが、道真がいなくなったため、松王丸はやむをえず一家の恩人の敵に仕えていた。彼自身は立場上、残酷な主君に不忠を働くことはできなかったが、自分の息子は祖父の主君道真のお役に立つことができたのである。

この物語に見られるように、主君に対する忠誠はもっとも重要な徳目であった。とはいえ、主君の言うことなら何でも従うようでは、本当の忠臣とは言えない。主君の命令が明らかに間違っていると思われるときは、それに追随することなく、諫言《かんげん》（目上の人の非を諫めること）することが求められたのである。場合によっては主君を強制的に幽閉あるいは隠居させて別の主君を立てる「押し込め」という慣行もあった。忠臣とは決して主君に隷属するものではなかったのである。

忠と並んで重要とされた徳目に孝がある。儒教においては親に対する服従を意味する孝がもっとも重要とされた。日本においても、孝は神道における祖先崇拝の教理に基づく徳でもあり、もっとも重要な徳目のひとつである。もちろん武士にとっても孝は重要な徳目とされていた。しかし武士道の徳目において上位を占めるのは忠である。

平安時代末期、平清盛が後白河法皇を幽閉しようとしたとき、清盛の長男重盛は後白河法皇の近臣であった。このとき父に対する「孝」と法皇に対する「忠」との板挟みになった重盛は、父を諫めてその反逆行為を止めた。その胸中の苦闘を、江戸後期の儒学者・歴史家である頼山陽は『日本外史』において「忠ならんと欲すれば孝ならず、孝ならんと欲すれば忠ならず」と述べている。それでも、このように忠と孝が衝突した時は、武士たちは躊躇することなく忠を選んだ。現代風に言えば、私よりも公を優先したということである。

武士道は日本人の民族精神

新渡戸の『武士道』は、江戸時代の儒教的道徳を中心にしながら、それ以前の「勝つことがすべて」であった時代の武士に求められた名誉、勇気、自己犠牲の精神なども含んだ武士道論である。その意味では、広く日本人の思想文化について西洋的視点から解き明かした日本文化論と言ったほうがよい。新渡戸自身、武士道はもともと武士の掟でありながら、武士階級だけの倫理道徳規範にとどまらず、広く一般庶民の間にまで受け入れられるようになったと述べているのである。

ではなぜ、武士の生き方を表すはずの武士道が、武士以外にも受け入れられるようになったのだろうか。

その理由は、武士が大衆の憧れの的であり、尊敬の対象となったからである。民衆の娯楽や教育の手段でもあった芝居、寄席、講釈、浄瑠璃、小説などは、みなその主題を武士の物語からとっている。民衆は、そこに登場する義経とその忠臣弁慶の物語、勇ましい曽我兄弟の物語、信長や秀吉の物語などに心を躍らせ、彼らの武勇と徳に拍手を送り、名誉を重んじた武士の姿を慕うようになった。そのようにして武士は日本人全体の理想となり、「花は桜木、人は武士」と謳われるようになった、と新渡戸は説明する。

その背景としては、武士階級は営利を追求することなく、自ら富を蓄積することがなかったことを指摘することができる。武士は、士農工商の頂点に位置する支配階級でありながら、商人とは違って、身分は高くても経済的には貧しかった。富と権力が分離していたのである。

そもそも士農工商とは、古代中国から用いられた言葉で、「民」の職業を四種類に大別したものにすぎない。それが近世に入って、身分制度や上下関係を表す用語としてとらえられるようになったが、現実にはそのような厳密な身分制度や上下関係は存在しなかった。武士階級と百姓や町人、つまり農・工・商とは利害が対立することなく、むしろ持ちつ持たれつの関係にあったのである。

前にも述べたように、武士にとってもっとも重要とされたのは名誉であった。「虎は死して皮を残し、人は死して名を残す」と言われるように、武士は名声を獲得するためにあらゆる努力と犠牲を払った。徳川幕府の下で実際の戦闘がなくなり平和が続く時代を迎えても、名誉を求める武士の生き方は変わらず、そのため、日本の武士の子は幼い頃から厳しく育てられ、勉強させられたのである。

そのおかげで武士は、新渡戸も指摘したように、支配階級であるにもかかわらず金銭的な腐敗を免れることができた。その点では貴族階級が富も権力も握っていたヨーロッパの階級社会とは大きく異なる。だからこそ、武士の倫理道徳が単に武士だけでなく、一般大衆の生き方の手本として受け入れられ、日本人全体に共通する倫理道徳規範となっていったのである。そのような日本人の民族精神を象徴する言葉として定着していったのが、新渡戸の言う「大和魂《やまとだましい》」である。

このことからも明らかなように、新渡戸の『武士道』は、武士道という概念が先にあって、それについて論じた学術研究論文のようなものではない。もっと広く日本人の倫理道徳について論じたものである。

新渡戸がこの本を英語で書くきっかけとなったのは、かつてドイツに留学中、ベルギーの学者が発した「宗教教育なくして、どうして道徳教育ができるのか」という問いかけであった。さらに、メリー夫人からの「なぜ日本人はこういう考え方をするのか」「なぜ日本にこういう風習があるのか」といった質問に答えるためであった。

こうした問いに対する答えを探し求めて、彼がたどり着いた結論は、日本人の倫理観は武士の子として育てられた家庭環境の中で身についたものであり、そのもとにあるのは武士の世界において以心伝心で受け継がれてきた掟にほかならないということであった。それを彼は「武士道」と名付けたのである。武士道という言葉も、新渡戸自身が西洋の騎士道にヒントを得て自ら創作したものであった。少なくとも本人はそのように信じていた。騎士道を持ち出すことによって、西洋人にも理解しやすくなると考えたのである。

このように、新渡戸の『武士道』は、日本人の物の考え方や行動を支配する倫理道徳思想を欧米人向けに説明しようとした日本文化論なのである。そのため内容的には正確性を欠く部分があることも指摘されている。しかし、そうした問題点があるとしても、新渡戸の『武士道』は、日本人の倫理道徳観を初めて合理的かつ体系的に分かりやすく解説した書物として、今もなおその価値を失っていない。著者の狙いは、「日本人は西洋人のようにキリスト教徒ではないが、決して一部の西洋人が考えるような野蛮人ではなく、彼らに負けない立派な倫理道徳を備えている」ということを世界に訴えることにあった。『武士道』はその使命を十二分に果したのである。

山岡鉄舟の武士道

明治時代に武士道という言葉を用いた人の中に、幕末から明治初期に活躍した無刀流開祖の山岡鉄舟《やまおかてっしゅう》（一八三六〜一八八八）がいる。第3章で紹介したように、維新後に明治天皇の侍従を務めた後、嘉納治五郎が講道館を開いた同じ年に、剣術を指導するための春風館道場を開いた人物である。彼は没後に出版された『武士道講話』（一九〇二年）の中で、武士道においては、「父母、衆生《しゅじょう》、国王、三宝」の四恩が大切であると説いた。

第一の父母の恩とは、人間は自分で生まれてきたのではなく、父母がいたからはじめて今の自分が存在するのであるから、父母への感謝を忘れず、孝行を尽くさなければならないということである。第二の衆生の恩とは、我々は社会のなかでお互いに助け合い、支え合って生きている、つまり世間の人々のおかげで生きているのだから、社会のすべての人々に対して慈悲報恩の思いを忘れてはならないということである。第三の国王の恩とは、社会は国王の保護と恩愛によって成立するものであるから、日本民族は天皇を尊敬し、報恩の誠意を尽くさなければならないということである。第四の三宝とは仏法僧のことで、父母や社会や国王への報恩を説くのは仏教の教えであるから、その教理に感謝し、それを社会に広めていかなければならないということである。

このように、山岡鉄舟の武士道観は、もはや封建君主に対する忠誠を中心とした「武士の掟」にとどまらず、天皇を戴き、父母や同胞、さらに仏の教えに支えられて生きている日本民族のすべてに当てはまる幅広い倫理道徳観となっている。その意味でも、明治時代の武士道論は、実は武士道の名を借りた日本人の民族精神論と言ったほうがよいのだ。

武とは「戈を止める」こと

江戸時代の初期、日本陽明学の祖で近江聖人と呼ばれた中江藤樹《なかえとうじゅ》（一六〇八〜一六四八）は

『翁問答』（一六四一年）を著し、その中で、「武」とは「戈《ほこ》を止める」ことだと唱えた。この解釈は今日においても広く受け入れられているが、この解釈も、当時の儒教的道徳に基づいた太平の時代の武士道思想を言い表している。

もともと「武」という文字は、「戈を持って進む」様子を表しており、その元来の意味は、「武器（戈）を手にして、力強く地面を踏みしめて前進すること」であった。たとえば、日本武尊《やまとたけるのみこと》の武は、建御雷神《たけみかづきのかみ》の建や、健、猛などとも同じ意味で、訓読みでは「タケシ」であり、「勇ましい」とか「強い」とかいう意味である。そのように理解されていたからこそ、武力、武備、武技、武術、武勇、武功などといった言葉が使われているのである。では、それがなぜ、どのようにして、今日のように正反対の意味に解釈されるようになったのだろうか。

「戈を止める」という解釈の根拠となったのは、中国の紀元前七〇〇年頃から約二五〇年間の事跡を記した『春秋左氏伝』の記述である。その中に、春秋戦国時代の五覇者の一人である楚の荘王（在位紀元前六一四〜五九一）が「戈を止めるを武となす」と述べたことが記されているのだ。この言葉は、戦いに明け暮れる時代を生きた武人政治家としての荘王の理想あるいは願望を表したものである。それによって武の本質が変わるわけではないが、しかし、そうした理想を掲げることによって、武のもつ意味ないし目的が変わっていくことを期待したのであった。そしてそれが、後に西暦一〇〇年にできた最古の漢字字典『説文解字』に引用されたことから、「武」は、原義とは正反対の「戈を止める」という防衛的な意味を持つものへと変わっていったのである。

『春秋』の成立に関わったと言われている孔子、あるいはその弟子たちは、仁を最高道徳とする平和主義者であり、かつての夏・殷・周の国々を理想の国家とみなしていた。そこで、自分たちの考える理想を各地の君主に伝えるために、荘王の言葉を借りて自らの戦争観を述べたのである。

このように、「戈を止める」という言葉には、単なる字句の解釈を超えて、平和な世の中を実現したいという先人の高邁な理想と願望が込められていた。儒学者である中江藤樹は、徳川幕府の下での太平の時代に必要な平和思想を説くために、中国ではもはや実践されなくなっていた周公や孔子の道に基づく古典的な儒教思想を利用しようとしたのであり、その結果、武に平和的な意味を持たせる解釈が日本にも定着することになったのである。

文武一徳の思想

中江藤樹は「戈を止める」という武の平和的な解釈を唱えただけではない。「武なき文は真実の文にあらず、文なき武は真実の武にあらず」と述べて、武（軍）と文（政治）は別々のものではなく、一体のものとしてとらえなければならないことを主張した。そして、それを「文武一徳」と称した。これも荘王の思想と深く関わっている。

荘王は、武には七つの長所があるとして、「夫れ武は、暴を禁じ、兵を戢《おさ》め、大を保し、功を定め、民を安んじ、衆を和し、財を豊にする者也」と述べている。広辞苑によれば、「武は、暴を防ぎ、戦争をやめ、王位を安定させ、手柄を定め、民を安心させ、人々を平和にし、財産を豊かにする」ということである。これは「武の七徳」と呼ばれているが、ここで重要なことは、「武」が、「文」と切り離された狭い意味での「武」ではなく、「文」に支えられ、「文」と一体化した広い意味での「武」として用いられていることである。

したがって、「文」が成果を上げるためには「武」の備えが必要であり、「武」が正しく用いられるためには「文」がしっかりしていなければならない。「文」の根っ子は「武」であり、「武」の根っ子は「文」なのである。両者は一体のものであって、分離することはできないのだ。実際、軍のない文化国家は現実には存在しにくいし、文のない軍国主義が長続きすることもないのである。

日本の場合は、鎌倉時代からの武家政権の下で古くから文武両道の思想があったが、江戸時代になると、武士には軍事面以上に政治行政面での役割が要求されるようになった。その結果、文武両道が一層進み、まさに文武一徳という考え方が受け入れられるようになったのであろう。

西洋には騎士道があるが、西洋の騎士は支配階級ではなく、あくまでも貴族に仕える戦士であった。これに対して日本の武士は、軍事だけでなく政治行政の実権を行使する支配階級であった。特に江戸時代においては、武人としての矜持のみならず、支配者に相応しい知識や見識を身につけることが求められたのであり、その中から新しい学問や芸術も生まれることになったのである。この点において、日本は西洋と異なるだけでなく、科挙制度の下で文官が優位を占めた中国や韓国とも異なる。

ただし、武家政権には権力はあったが権威はなかった。位階を与えるなどの権威はあくまでも皇室に属するものであり、武家がそれを奪うことはできなかった。しかし、権威と権力が分離していたおかげで、将軍が交替しても、皇室を中心とした国家は不安定にならずにすんだのである。

「和を以て貴しと為す」

ところで、中江藤樹が「武とは戈を止めること」と唱えたのは、もとはといえば中国の『春秋左氏伝』に基づくものではあるが、単純に中国の真似をしたわけではなかった。

たしかに日本は昔から中国から多くのものを輸入してきたが、しかし中国の文物制度を丸ごと取り入れたわけではない。たとえば、文字を持たない大和言葉を記すための表音文字として漢字を輸入したが、中国語は導入しなかった。律令制度は取り入れたが、官吏登用試験としての科挙制度は採用しなかった。インド伝来の仏教を受け入れるにあたっても、その教義や信条は日本人の道義観念と適合するように自由に修正した。祖先伝来の信仰である神道を見捨てることもなかった。このように日本は自らの主体的な判断に基づいて、必要なものだけを選択的に受け入れてきたのである。

和を大切にする思想は、もともと古くから日本にあった。今から一四〇〇年以上も前に聖徳太子が制定したといわれる十七条憲法は、その第一条で「和《わ》を以《もっ》て貴《とうと》しと為《な》し、忤《さか》ふること無《な》きを宗《むね》とせよ」（和を大切にし、いさかいを起こさぬようにしなさい）と宣言している。この和の精神こそ、古来、森羅万象あらゆるところに八百万《やおよろず》の神々が宿るというアニミズム的な世界観に基づいて「自然との共生」を大切にしてきた日本人の平和思想にほかならない。

日本の記紀神話においては、高天原《たかまのはら》に対抗する一大勢力であった出雲の大国主神《おおくにぬしのかみ》やその子の建御名方神《たけみなかたのかみ》が干戈を交えることなく矛を収めて、高天原の天照大御神《あまてらすおおみかみ》による国家統一に協力したことが伝えられている。このように武力によらず平和的な手段で紛争を解決するのも「和」の精神の表れである。

中江藤樹の「戈を止めるを武となす」という解釈も、もともと日本にあった和の文化と合致するものだったからこそ、日本人に広く受け入れられたのだ。

ではなぜ、日本には古くから和の思想が存在したのか。それには日本の置かれた地理的な条件が深く関わっている。アジア大陸の東に位置する極東の島には、早くからさまざまなルートで多様な民族がそれぞれの文化とともに渡来したが、そこから先は行き場のない袋小路であった。しかも気候温暖で自然環境に恵まれた住みよい場所であった。そうした特異な環境条件の中から誕生したのが、あらゆるものを吸収合併しながら自己変革を遂げていく日本の社会であり、和の精神であった。

ここで注目したいのは、日本の和は、誰か一人の独裁的な指導者から一方的に与えられたり、押し付けられたりするものではなかったことである。農村のような共同社会における物事の決め事においても、武将たちの意思決定においても、朝廷における政策過程においても、「合議制」が重視されてきた。

明治維新の「五箇条の御誓文」は、「広く会議を興し、万機公論に決すべし」「上下心を一にして、盛《さかん》に経綸《けいりん》を行うべし」と述べて、独裁的な専制政治を否定したことはよく知られている。だが、それは目新しいことではなかった。十七条憲法においても、その第十七条で「夫《そ》れ事独《ことひと》り断《さだ》むべからず。必ず衆《もろもろ》とともに宜《よろ》しく論《あげつら》ふべし」、つまり、ものごとは一人で判断してはいけない。必ずみんなで論議して判断しなさいと謳っているのだ。

このように、五箇条の御誓文は十七条憲法の和の精神を継承しているのであり、これが日本的民主主義の原点なのである。ただしそれは西欧民主主義のように個人をベースにしたものとは多少異なり、国家という統一体への献身を基本としているところに特徴がある。そしてこの合議制の伝統は今日においても基本的に変わっていない。日本の組織における意思決定は、官民を問わず、今でも関係者の全員参加による合意形成を大事にしている。西欧民主主義のように何でも多数決で白黒を決めればよいとは考えないのだ。

ただし、和を重視する世界においては、ともすれば付和雷同、つまり相手や周囲の人の言いなりになりやすい。だが、和は決して全員の意見が同じであることを意味してはいない。たとえ異なる意見や考えの持ち主であっても、互いに違いを認め合って、共存し、共生するのが本当の和である。

武士道の究極の理想は「平和」

これまで見てきたように、武士道の概念は時代とともに変化してきた。戦国時代までの武士にとっては「戦いに勝つことがすべて」であり、そのため武士には、勇猛果敢な行動や、敵に侮られない強さと勇気が求められた。そこではだまし討ちさえも批判されるべきことではなかった。その代わり、味方を裏切る行為や臆病な振る舞いはもっとも不名誉なこととされた。

その後、江戸時代になると、太平の世における秩序維持のため忠誠心や正義を最優先する儒教的な倫理道徳が重んじられるようになった。その中では、文と武が一体化した武家政権の下で、「名を惜しみ、恥を知る」ことが武士道の根本とされた。新渡戸稲造が『武士道』で取り上げた義、勇、仁、礼、誠、名誉、忠義などの徳目は、この時代の武士階級に求められた倫理道徳を言い表している。さらに山岡鉄舟の武士道になると、父母、衆生、国王、三宝に対する恩を四恩という言葉で言い表し、あらゆる人やものに対する感謝の念や、思いやりの心が大切であることを説くのである。

このように武士道の概念が変化していく中で、武士道の究極の目的は、刀を抜かずに勝つこと、すなわち「和の心」を用いることとされるようになった。剣術の流派の多くが、相手を倒すことよりも、戦わずに勝つことの極意を伝えていることは、前章で見てきたとおりである。

戦わずに勝つための最善の方法は、敵を作らないことである。まず事を起こさない心構えが何よりも大事だ。相手からつけ込まれる隙をつくらないことである。そのために武士は、自己の人間性を高める努力を惜しまず、大衆の模範となるように振る舞った。新渡戸稲造も『武士道』の中で、動乱の幕末を生き抜いた勝海舟が「私は人を殺すのが大嫌いで、一人でも殺したものはない」と語ったことを紹介し、「負けるが勝」「血を流さずに勝つのが最上の勝利」という諺《ことわざ》を紹介しながら、「これらはいずれも武士道の究極の理想は結局平和であったことを示している」と述べているのである。

こうした和の伝統は後世にも引き継がれてきた。明治維新に際して、新政府軍の西郷隆盛と旧幕府側の勝海舟の会談によって江戸城の無血開城が実現し、大惨事を未然に防ぐことができたのはその一例である。あるいはまた、日露戦争で六万人近い死傷者を出す激闘の末に旅順要塞を攻略した乃木希典大将は、敗軍の将ステッセルと旅順郊外の水師営で会見した際、ステッセルに丸腰ではなく正規の軍装で帯剣を許し、会見の冒頭にロシア軍の敢闘を称えた。この様子が各国の従軍記者によって世界中に報道され、称賛を集めることになったが、この勝って驕らず、敗者をいたわる惻隠の情こそは、武士道精神そのものであり、日本伝統の和の精神であった。

柔道の嘉納治五郎が「精力善用・自他共栄」を唱えたのも、合気道の植芝盛平が「和合の武道」「武は愛なり」を唱えたのも、日本の武道の伝統である「和の心」を別の言葉で表現したものにほかならない。紛争を武力によらず、平和的な手段で解決するのは、一神教とは違った多神教的な「共存共栄」の精神に基づくものであり、それが日本の伝統なのである。

治にいて乱を忘れず

和を重んじるということは、決して相手の言いなりになったり、初めから戦うことを諦めて相手の軍門に下ったりすることではない。和とは、お互いにそれ以上攻め込んでも何も得るところがないという双方の力が均衡している状態において、はじめて成り立つものである。力の空白地帯を作るのは危険なことであり、そうした事態は避けなければならないのだ。大事なのは「治にいて乱を忘れず」の心構えである。

江戸時代の武士は、実際に戦うことはなくても、自らを鍛えることは怠らなかった。刀はいつも腰から離さず、いざという時のために備えることを求められた。ただし、刀の乱用はきつく戒められた。真の武士は刀を使うべき時をわきまえていたし、実際、刀を使う機会は江戸時代には稀にしかなかった。

このように平和の思想は、単なる平和願望ではなく、平和を守るための責任と行動を伴うものであった。そのために必要なのは、個々人の自立心である。かつて福沢諭吉は『学問のすゝめ』の中で「一身独立して一国独立する」と述べて、国民一人一人が独立の気力を持たなければ、全体のことを引き受ける者がいなくなり、国家の独立は実現しないと説いた。札幌農学校で新渡戸稲造と同級生だった内村鑑三も『代表的日本人』の後記において、一人のサムライの子として自分にふさわしい精神は「自尊と独立」であると述べている。

ところが、残念なことに、第二次世界大戦後の日本は国を守るという国家としてもっとも重要な機能を他人任せにしたまま経済活動に邁進してしまった。おかげで物質面では豊かになったが、他方で「治にいて乱を忘れず」の精神を忘れてしまった。「自尊と独立」の精神を見失ってしまった。世界はそのような日本人を信頼し、尊敬してくれるであろうか。今こそ日本人は、一人一人が個人として、精神的に自立しなければならない。

その時に拠り所となるのは、結局のところ、日本人の民族精神である武士道しかないのである。もちろん、制度としての武士道は、今から一五〇年前に封建制の廃止とともに消え去った。しかしその精神は現代においてもまだ残っている。特にスポーツの世界においては武士道精神が厳然と生きている。いや、スポーツに限らず、高い目標を目指して人一倍の努力を重ね、困難を克服しながら自己を高めていく世界がある限り、そこには武士道精神が脈々と生きているのだ。

そのような高貴な精神を言い表す言葉がフランス語の「ノブレス・オブリージュ（高い地位や身分に伴う義務）」である。自分を犠牲にしてでも大義のために尽くすことである。日本人は、日本の伝統である和の精神を大事にしながら、「ノブレス・オブリージュ」の気概を発揮して、世界の平和に貢献する道義国家としての使命を果たしていかなければならない。

本章では、武道のもとになっている武士道とは何かということを問い直し、その究極の理想は平和であることを見てきた。和を大事にする思想こそは日本の誇るべき伝統であり、二一世紀のグローバル化時代においてその重要性はますます高まる。その中で、日本の武道としての空手道は、どのような役割を果たすことが期待されるのか。次章においてそれを考えてみたい。

第9章

二十一世紀の空手道への期待

生涯空手を楽しむ

これまでの考察を通じて明らかになったように、日本における武術や武士道の伝統は、時代とともに変化してきた。はじめは敵を倒すことを目的とした武術が、時代の変化とともに戦わずして勝つことを目指すようになり、武術の修練は自己鍛錬を目的とするようになっていった。その中で武士に求められる資質も、強さと勇気だけでなく、和の精神を重視する方向へと変化していった。現代の武道はこうした伝統の上に成り立っている。当然のことながら、空手道もそうした伝統を受け継いでいるのだ。

武道としての空手道は、相手を倒すことを目的とした危険な格闘技ではない。しかし、だからといって、武術とは無縁のただの体操や舞踊のようなものでもない。武術としての技に基礎をおきながら、安全性を考慮した武道。形の稽古を重視しながらも、形にとらわれることなく臨機応変な技の応酬をも可能にしてくれる武道。相手を倒すのではなく、自分を鍛錬するための武道。それが空手道である。

今日、空手人口は柔道や剣道の人口を凌ぐ勢いで増えている。戦前においては、空手を習うのは圧倒的に大学生が中心で、もちろん男子に限られていた。しかし近年は、女子も増えている。空手を学び始める時期も小中学生の段階からというのが圧倒的に多い。若い時に厳しい稽古を耐え抜いた経験は、社会人になった時にその真価を発揮するであろうし、大学の部活動で培った仲間との友情や信頼関係は、人生にとってかけがえのない貴重な財産となるであろう。

その一方で、中高年になっても空手の稽古を続けたり、あるいは中高年になってから新たに空手を習い始めたりする人もいる。競技中心のスポーツにおいては、ある年齢以上になって身体能力のピークを過ぎてしまうと、そこで活動を止めてしまうことが多い。だが、形稽古を重視する空手道においては、年齢や性別などに関係なく、幼児期から老年期のすべての段階において、その時々の自分の体力や好みに応じて稽古に取り組むことができる。

このように、空手は、いつでも、どこでも、老若男女を問わず誰でも、個人でも団体でも練習できる。道具もいらない。しかも安全で怪我も少ない。今日のような長寿・高齢化社会を迎えて、生涯にわたって多様な楽しみ方ができるのは、空手の大きな魅力である。

少年期の体育空手を中心とした体力づくりや試合を通じて味わう達成感、あるいは青年期の厳しい修練を通して心身を鍛える忍耐と努力の武道空手、さらに熟年期における精神性を重視した稽古と後輩の育成指導、老年期を豊かに生きるための健康空手など、どれをとっても、空手の魅力は尽きることがない。

船越義珍は、空手には「体育」、「護身術」および「精神修養」としての価値があると唱えた。心・技・体という言葉があるが、空手にはそのすべての要素が含まれている。それだけに、空手の修行にはこれで完成ということがない。永遠に未完成である。だからこそ、なおさら生涯にわたって実践することに意味があるのだ。

己に克つ

空手の究極の目的は試合に勝つことではない。もちろん、試合は大事であり、出場するからには、絶対に負けないという強い気持ちをもって戦わなければならない。いい加減な気持ちで対戦するのは何よりも相手に対して失礼である。

しかし、試合はひとつの目標ではあってても、目的ではない。あくまでも一段上のレベルへと成長するための通過点に過ぎないのだ。だから、勝ち負けの結果だけがすべてではなく、そこから何を学ぶかということが重要になってくる。実際、勝った試合よりも負けた試合から学ぶことのほうがはるかに多いことは、多くの人が経験していることでもある。試合は相手との間合いや呼吸、迅速な対応、平常心、決断力など、普段の形稽古だけでは身につかないものを体得し、自分の技の成長を確認する絶好の機会である。そこで自分の成長を確認できた時に味わうささやかな達成感に、空手道の醍醐味があるともいえるであろう。

では空手の修行は何を目的としているのか。それは自己鍛錬を通じて「己《おのれ》に克《か》つ」ことである。

日本空手協会の初代首席師範として組手試合の導入に中心的役割を果たした中山正敏は、「空手道究極の目的は人に勝つことではなく、己に克つことである。己に克てないでどうして人に勝つことが出来得よう」と述べている（日本空手協会機関紙『空手道』第一号、一九六七）。「己に克つ」とは、自分を律すること、言い換えれば、克己心あるいは自制心を養うことである。自分の弱さを克服し、いじめにも誘惑にも不正にも負けない強い心を養って、正しいことを実行する勇気を持てるような人間になることである。それが人格の完成にもつながっていくのだ。

そのためには、心・技・体を一体のものとして鍛えることが重要になってくる。武道を志す者は自分の身体を鍛えて運動能力を高め、いざというときに身を護るための技術を身につけなければならない。それは決して簡単なことではないし、楽をしてできるものでもない。我慢と努力によって大きな困難を乗り越えたときに、はじめて身につくのである。

心・技・体を鍛えるには、自分の内面にある「心の秩序を調《ととの》える」ことも重要な課題となってくる。そのために役に立つのが礼法である。空手の稽古においては最後に黙想を行うことも含めて、禅の礼法に由来する伝統的な武術の稽古作法を実践しているが、それも心の秩序を調えるためである。道場の清掃も同じである。清掃を尊ぶ文化は神道にも由来するものだが、床を磨くのは単に床をきれいにするためだけではない。自分の心を清めるためであり、修行の一環なのである。

心・技・体の修行の場は、道場だけに限られるものではない。日常生活においても、身の回りの整理整頓にはじまり、自分のことはすべて自分で責任を持つという習慣を身につけることは、良き社会人としても必要なことだ。そのようにして常に自己研鑽に努め、学び続けることで、昨日より今日、今日より明日へと、成長し続けることができるのである。

人格完成を目指す

克己心を養い、自己研鑽に努めるのは、自分自身を成長させるためである。言い換えれば、人格の完成を目指すのである。

前章で見てきたように、日本には古くから武士を中心とした倫理道徳があった。それが武士の間だけでなく、広く日本人全体に受け入れられるようになった。武道は、そうした武士道精神を受け継ぎながら、「武技による心身の鍛錬を通じて人格を磨き、識見を高め、有為の人材を育成すること」を目的としている。

この考え方はそのまま空手道にも当てはまる。船越義珍が書き遺した「一、人格完成に努むる事」に始まる松濤五条訓（道場訓）は、そのことを明確に示している。船越は、亡くなる直前にも、旬刊誌に掲載された随想の中でこう述べている。

「拳を愛し、技を使うことは武道本来の目的たる品性の陶冶、養生への一つの過程なのである。拳禅一致、空手道の修業者へは最終を信仰にまで究めなくてはならないと思う。謙虚たれ！私たちは同門と、こう話し合っているのである。」（『日本週報』一九五七年三月一五日）

戦後の一九四七（昭和二二）年に制定された教育基本法では、第一条で教育は「人格の完成」を目指すことを謳っている。二〇〇六（平成一八）年の改定教育基本法においてもこの趣旨は変わっていない。このことからも明らかなように、船越義珍の道場訓は教育基本法の精神とも軌《き》を一《いつ》にするものである。すなわち、日本空手協会の空手は、教育基本法と同じ目的を共有している。言い換えれば、教育活動の一環として重要な役割を果たすことを期待されているのである。

このことは、特に小・中学生など、若い世代の人たちにとって重要な意味をもつであろう。なぜなら、彼らが空手を通して身につけた勇気・忍耐心や、努力・礼節・感謝・思いやりなどの習慣は、彼らとって一生の宝となるものだからである。

もちろん、道場訓はただ口先で唱えてさえいれば自然に身につくというものではない。日々の稽古の中で、常にそのことを意識し、それを日常生活の中においても実践していく必要がある。単に空手の技術を身につけるだけでなく、それを通じて自分の人間性を高めていくことが重要なのだ。

人間にとって自分が成長していることを実感できた時ほど大きな喜びを味わうことはない。そして、それによって何かのために貢献できた時、その喜びはさらに大きなものとなる。空手をはじめとする武道は、私たちにそのような可能性を与えてくれるのである。

空手に先手なし

日本の武術の極意は、「戦わずして勝つこと」であった。沖縄の伝統に基づく空手においても同じである。「空手に先手なし」と言われるように、空手の動作はすべて受けの動作から始まる。もともと護身術から発展したものであるから、自分から先に攻めることはせず、相手の攻撃を防御することから始まるのである。その意味でも、空手は殺法ではなく活法であり、平和のための武道である。

ところが、攻めの技はわかりやすいが、それに比べると受けの動作はわかりにくい。その効果を実感するのも難しい。そのため受けの技は稽古においても軽視されがちだ。しかし、だからといって、受けの技術が不十分なまま組手試合に臨むのは危険なことであり、怪我のもとでもある。そのようなことにならないよう、初心者の段階から受けの動作をきちんと身につけることが重要になってくる。

もちろん、受けの動作だけでは、相手を無力化することはできない。受けと同時に攻めの動作に入り、一撃で相手を倒す威力のある技を繰り出さなければならないのだ。そのためには、一人で行う形の練習だけでは不十分だ。受けから攻めに転じる際のタイミングや間合いや技の正確性を学ぶためには、約束組手の練習が欠かせない。そのうえで、さらに、それを実際の相手の動きに即応して効果的に実践できるかどうかを確認するための手段として、組手試合がある。

「空手に先手なし」とはいえ、組手試合においては消極的になってはいけない。心構えだけは常に先手、先手でいかなければならない。試合中は一瞬たりとも気を抜いてはならないし、相手に付け入る隙を与えないようにしなければならない。その一方で、相手のどんな動きにも瞬時に反応して、一撃必殺の技を繰り出さなければならないのである。実戦では一つのチャンスを見逃したらそこですでに負けているのだ。

「後《ご》の先《せん》」という言葉がある。もともと剣術用語で、相手が斬りつけてきた時、それをかわして斬りかえす技であり、ボクシングでいうカウンターである。実際、上級者になればなるほど、同じ突きでも、自分の意志で判断して突くよりも、相手の攻撃動作に反射的に対応して突くほうが速いと言われる。脳内で主体的判断を司る部位と反射的反応を司る部位が異なり、反射的反応に要する時間のほうが短いからである。そのため、試合では、いかにして相手の動きを誘い出し、それに瞬時に対応するか、ということが重要な課題となってくる。それが「後の先」である。その一瞬の判断と動作の中に、空手の妙味があるといってもいい。しかし、その場合でも、気持ちの上ではこちらが先手をとっていなければならない。

では、仮に二人とも後の先を狙って、どちらも先に手を出そうとしなかったら、どうなるのか。それでは試合が成り立たないのではないか。そのような疑問も出てくるかもしれない。

たしかに、互いに手を出そうとしても出せないことがある。攻め込もうとしても攻め込めないことがある。しかし、互いに攻め込めないということは、見方を変えれば、どちらも隙がなく、相手に攻め込ませないだけの強さをもっているということでもある。空手の修行がそのレベルに到達した時、それは武術の究極の理想である「戦わずして勝つ」の境地に一歩近づいたといえるのではないか。

これは大相撲の立会いとも似ている。互いに仕切り直しを繰り返して呼吸を合わせ、最後は一瞬の立会いで勝負の行方が決まるのである。世の中にはこれを退屈なものと見る人もいるかもしれない。しかし、その一瞬の中にこそ相撲の妙味があるのであり、本当の相撲ファンはそれを楽しむのだ。

師弟の絆

武道は心・技・体を鍛えるためのものだ。そこで決定的な役割を果たすのが良き師との出会いである。多くの人にとって、最初に空手の稽古を始めるのは、近くの道場においてであろう。

そこで指導してくれるのは、豊富な経験を積んだ空手の高段者である。そうした指導者から手ほどきを受けて、空手の技だけでなく、武道の考え方や心構えを教わるのである。

道場では、子供から大人まで、さまざまな人が稽古をしている。普段は学校で同年齢の仲間としか付き合う機会のない若者にとって、老若男女の集まる空手道場は、それだけで学校以上に恵まれた教育環境が整っていることになる。そこで育まれた師弟の絆、仲間との絆は一生の宝物となるのだ。

最近の子供たちは、豊かで便利で安全な生活環境の中で生まれ育っているので、親や他人から叱られた経験もなく、ひ弱で、忍耐心がない。そのため、少しでも厳しくされるとすぐに心が折れてしまう。こういった声をよく聞くが、たしかにそのような傾向が見られるかもしれない。しかし、それを嘆いてばかりいても、はじまらない。子供たちがひ弱になっているならば、何とかして彼らを強い人間に育てなければならないのだ。

もちろん、強い人間といっても、腕力が強いとか、喧嘩に負けないという意味ではない。そうではなく、心がしっかりしていることだ。心がしっかりしていれば、正しいことを勇気をもって発言し、行動できる。つまり、精神的あるいは倫理道徳的な意味において強い人間になるのである。心を強くもって、目標を高く設定してそれに挑戦する人、そういう志をもった自立した人間を育てることが、現代の武道に課せられた重要な使命である。

日本空手協会の使命は、空手の選手を育てることではない。空手を通して、青少年が立派な大人へと成長していくのを支援することだ。そのためには、一人一人の生徒をよく観察して、その人の個性に合った丁寧な指導をしなければならない。何よりも重要なことは、生徒が空手を好きになることだ。さらに空手を楽しむようになることだ。論語にもあるように、「これを知る者はこれを好む者に如《し》かず。これを好む者はこれを楽しむ者に如かず」である。道場はそのような成長過程を生み出すもとになる師弟による協働の場であってほしい。

良き指導者とは、生徒たちの持っている個性を上手に引き出して、さらなる成長を促すことのできる人でなければならない。そのために大事なことは、「教え過ぎない」ことだ。先回りして答えを教えると、自分で考える習慣が身に付かず、いつまでたっても自立できなくなってしまう。自分で疑問をもって、それを解明していくのは楽しい体験でもある。その楽しみを本人から奪い取らないよう注意を払う必要がある。大事なのは、機が熟すのを「待つ」ことである。

「啐啄同時《そったく》」という言葉がある。雛がかえろうとする時、雛が内側からつつくのが「啐」で、母鳥が外からつつくのが「啄」である。啐と啄の呼吸がぴったり合わなければ雛は孵化しないのだ。まさに以心伝心。そのタイミングが大事だ。

世界平和への貢献

今日、国内だけでなく海外においても、多くの人が日本発祥の空手道に魅せられて日々熱心に稽古に励んでいる。その中には、日本武道のもつ精神的あるいは文化的な側面に共感し、もっと深く学びたいと思っている人が少なくない。こうした外国人の期待にも応える必要がある。

グローバル化時代とは、大国の基準が世界標準として地球上に広がって、平べったくつまらない世界ができる時代のようにも見えるが、実はそうではない。むしろローカルな価値観を世界に広める大競争の時代なのだ。その中で日本人は、和を大切にする日本の文化や価値観を世界に広めていく役割を担っている。

日本空手協会の定款には、「礼節を重んじる日本武道の精神を国際的に広めることによって、世界平和に貢献することを目的とする」との規定がある。それを単なるお題目に終わらせないためにも、空手を志す人たちは、自ら日本の歴史、文化、伝統について学び、そのうえで、それを世界に発信していかなければならない。同時に、他国の伝統文化に対する理解を深めることも必要だ。武道を通じた異文化交流の担い手となることが期待されているのである。

日本の武道文化を世界に発信するには、何よりもまず、「武道とは何か」ということをきちんと説明できなければならない。

それは口で言うほど簡単なことではないが、この点に関しては、かつてユネスコ主催の第一回パリ日本文化祭（一九七六年）において田中茂穂明治神宮武道場至誠館館長（現在は名誉館長）が述べた言葉が、これを簡潔にして余すところなく言い表している。

「日本の武道は、武器をもって人を傷つけたり、斬ったりすることではなく、いかに傷つけず、また斬ることなくして相手を制止し、屈服させるか、というのが武の本来の意味である。逆説的ではあるが、日本人にとって武道鍛錬の本来的意義は、まさにこの点に存している。

即ち、自らの粗暴なる心を自ら制止することからはじまり、他人の暴力を平和裡に制止させるというのがその目的なのである。すべての稽古は礼でもって始まり、礼でもって終わる。道場では、常に相手に対する深い思いやりの心や優しさといった徳目が、勇気や気迫とともに最も大切なものとされる。そしてお互いに敬愛の念を持ちあうよう心の修錬がなされ、争いを起こすようなことは決して許されない。ある意味では、道場には宗教があり、倫理があり、文学があるといってよいだろう。そして究極的には、神聖な目的のためには、身命を捧げることを辞さないとの高貴な精神をもった人間になること、これが武士道のめざしているところのものといってよいだろう」（『穂雲閑話』二二五頁）

このように武道は、私たちに人生の生き方についての具体的な目標を与えてくれるし、その過程において、自分が成長することの喜びを感じさせてくれる。和の精神で世界の人々を結びつけ、豊かで平和な社会を築くことにも貢献できる。空手はそのような武道の一つなのである。それだけに、空手を志す人に対する期待も大きい。

空手を学ぶ人には、高い志をもって日々研鑽に努め、心・技・体を一体として鍛え、人格を磨き、道徳心を高め、礼節を尊重する態度を養うことが期待されている。こうした期待に応えようと努力し、自分が成長していくことに喜びを感じる生き方は、それだけですでに十分に豊かで価値ある人生といえるのである。

参考文献

■第1章および第2章
富名腰義珍『琉球拳法唐手』武侠社、一九二二年
富名腰義珍『錬膽護身唐手術』廣文堂書店、一九二五年
富名腰義珍『空手道教範』廣文堂書店、一九三五年
富名腰義珍『増補　空手道教範』廣文堂書店、一九四一年
船越義珍『空手道一路』講談社、一九七六年（初版一九五六年）
儀間真謹・藤原稜三『近代空手道の歴史を語る』ベースボール・マガジン社、一九八六年
摩文仁賢榮『武道空手への招待』三交社、二〇〇一年
金城裕『唐手大鑑』出版館ブック・クラブ、二〇〇三年
金城裕『唐手から空手へ』日本武道館、二〇一一年
嘉手刈徹、小山正辰、和田光二「空手道」『月刊武道』日本武道館、二〇一七年四月号〜二〇一九年五月号
橋本美湖「一九二二（大正一一）年文部省主催運動体育展覧会の体育・スポーツ史的意義に関する研究」『東北アジア体育・スポーツ史研究』第三号（ウェブサイト、二〇一七年）
外間守『沖縄の歴史と文化』中公新書、一九八六年
高良倉吉『琉球王国』岩波新書、一九九三年
赤嶺守『琉球王国』講談社選書メチエ、二〇〇四年
恵隆之介『誰も語れなかった沖縄の真実』ワック出版、二〇一一年
■第3章および第4章

中嶋哲也「術から文化へ―元米国大統領グラントの演武鑑賞と柔術」『鹿児島大学教育学部研究紀要　人文・社会科学編』第六六巻（ウエブサイト、二〇一五年）
長尾進「剣道の文化誌」『月刊武道』日本武道館、二〇一八年七月号
田中守『武道　過去・現在・未来』日本武道館、二〇〇五年
嘉納治五郎『嘉納治五郎　私の生涯と柔道』日本図書センター、一九九七年
藤堂良明『柔道　その歴史と技法』日本武道館、二〇一四年
植芝吉祥丸『合気道開祖植芝盛平伝』講談社、一九七七年
植芝守夫『合気道　稽古とこころ』内外出版社、二〇一八年
舞の海秀平『大相撲で解く「和」と「武」の国・日本』KKベストセラーズ、二〇一七年
増田俊也『木村政彦はなぜ力道山を殺さなかったのか』新潮社、二〇一一年

■第5章および第6章
公益社団法人日本空手協会六十五年史編纂委員会『公益社団法人日本空手協会六十五年史』公益社団法人日本空手協会、二〇一四年
中山正敏『空手道新教程　普及版』鶴書房、一九六六年

■第7章
魚住孝至「武道の歴史とその精神　概説」『武道の歴史とその精神』国際武道大学附属武道スポーツ科学研究所、二〇〇八年
山崎正和『室町記』朝日選書、一九七六年
湯浅晃『武道伝書を讀む』日本武道館、二〇〇一年

山本博文『武士道の名著』中公新書、二〇一三年
世阿弥『風姿花伝』岩波文庫、一九五八年
柳生宗矩『兵法家伝書』岩波文庫、一九八五年
宮本武蔵『五輪書』岩波文庫、一九八五年

■第8章

古川哲史『武士道の思想とその周辺』福村書店、一九五七年
相良亨『武士道』講談社学術文庫、二〇一〇年
菅野覚明『武士道の逆襲』講談社現代新書、二〇〇四年
高橋富雄『武士道の歴史』1〜3巻、新人物往来社、一九八六年
山本常朝・田代陣基『葉隠』経営思潮研究会、一九六四年
新渡戸稲造（矢内原忠雄訳）『武士道』岩波文庫、一九三八年
勝部真長編『山岡鉄舟の武士道』角川ソフィア文庫、一九九九年（初出は『武士道—文武両道の思想』角川選書、一九七一年）
福沢諭吉『学問のすゝめ』岩波文庫、一九四二年
内村鑑三（鈴木範久訳）『代表的日本人』岩波文庫、一九九五年

■第9章

田中茂穂『穂雲閑話』明治神宮武道場至誠館、二〇一六年

沖縄唐手を伝えた人々

1800　1850　1900　1950

佐久川寛賀(1782？-1837？)　唐手《トゥーディ》の誕生

松村宗棍(1809-1899)　〈首里手〉

安里安恒(1827-1903)　〈首里手〉

松茂良興作(1829-1898)　〈泊手〉

糸洲安恒(1831-1915)　〈首里手〉
（那覇手、泊手にも精通）　唐手《からて》の誕生

新垣世璋(1840-1920)　〈那覇手〉

東恩納寛量(1853-1915)　〈那覇手〉

屋部憲通(1866-1937)

船越義珍(1868-1957)
【松濤館流】

花城長茂(1869-1945)

本部朝基(1870-1944)

宮城長順(1888-1953)
【剛柔流】

遠山寛賢(1888-1966)
【無流派】

摩文仁賢和(1889-1952)
【糸東流】

大塚博紀(1892-1982)
【和道流】

著者略歴

草原 克豪（くさはら かつひで）

1941年北海道生まれ。東京大学教養学部卒。コーネル大学経営行政大学院留学（MBA）、ユネスコ本部勤務を経て、文部省で高等教育局審議官、生涯学習局長等を歴任。退官後は拓殖大学副学長兼拓殖大学北海道短期大学学長を務め、現在は拓殖大学名誉教授。拓殖大学では空手道部部長も務めた。2012年（公社）日本空手協会理事に就任し、2015年から代表理事・会長。（公財）合気会理事も務める（合気道６段）。
主な著書：
『近代日本の世界体験』（小学館スクウェア、2004年）
『日本の大学制度』（弘文堂、2008年）
『大学の危機』（弘文堂、2010年）
『新渡戸稲造1862-1933』（藤原書店、2012年）
『新渡戸稲造はなぜ「武士道」を書いたのか』（PHP新書、2017年）
『「徳」の教育論』（共編、芙蓉書房出版、2009年）

武道文化としての空手道
―武術・武士道の伝統とスポーツ化を考える―

2019年11月13日　第１刷発行

著 者
草原《くさはら》 克豪《かつひで》

発行所
㈱芙蓉書房出版
（代表 平澤公裕）
〒113-0033東京都文京区本郷3-3-13
TEL 03-3813-4466　FAX 03-3813-4615
http://www.fuyoshobo.co.jp

印刷・製本／モリモト印刷

ISBN978-4-8295-0774-2

日本初のオリンピック代表選手
三島弥彦 ―伝記と史料―

尚友倶楽部・内藤一成・長谷川怜編集　本体 2,500円

2019年ＮＨＫ大河ドラマ「いだてん ～東京オリムピック噺～」の主人公の一人、三島弥彦の痛快な人物像が明らかになる評伝と、初めて公開される写真・書簡・日記・草稿などの資料で構成。

日米野球の架け橋
鈴木惣太郎の人生と正力松太郎

波多野 勝著　本体 2,300円

日本プロ野球の創成期に日米野球に執念を燃やし続けた一人の男がいた。昭和を駆け抜けた一大興行師正力松太郎の野望と理想の野球追求の狭間で揺れ動いた鈴木惣太郎の一生を鮮やかに描いた評伝。これまで漠然としていた日米野球交流の背景や正力・読売の狙い、メジャーリーグ側の本音などが、鈴木の日記・書簡・電報など新しい資料と数々のエピソードで明らかになる。

あの頃日本人は輝いていた
時代を変えた24人

池井 優著　本体 1,700円

松下幸之助、長嶋茂雄、松本清張、黒澤明、石原裕次郎……。日本人に夢を与え、勇気づけた24人のスーパースターたちの挫折と失敗、そして成功までのストーリーを数々のエピソードを交えて紹介。政界、財界、スポーツ、文学、映画、音楽など、ワクワク、ドキドキした感動と興奮の記憶がよみがえってくる。

石原莞爾 満州ふたたび

早瀬利之著　本体 2,200円

"オレは満州国を自治権のない植民地にした覚えはないぞ"五族協和の国家に再建するため、犬猿の仲といわれた東條英機参謀長の下で副長を務めた石原が昭和12年8月からの１年間、東條との激しい確執の中、孤軍奮闘する姿を描く。

近代国家日本の光芒

「坂の上の雲」流れる果てに

森本 繁著　本体 2,300円

「不況と戦争」の昭和前半……日本は何を間違えたのか。「復興と平和」の昭和後半、そして平成……日本が国力回復とともに失った大事なものとは。

神の島の死生学

琉球弧の島人たちの民俗誌

付録DVD『イザイホーの残照』

須藤義人著　本体 3,500円

神の島の"他界観"と"死生観"がわかる本。久高島・粟国島・古宇利島をはじめ、沖縄の離島の祭り、葬送儀礼を通して、人々が生と死をどのように捉えてきたかを探る。貴重な写真200枚収録。久高島の祭祀を記録したDVD付き。

知られざるシベリア抑留の悲劇

占守島の戦士たちはどこへ連れていかれたのか

長勢了治著　本体 2,000円

飢餓、重労働、酷寒の三重苦を生き延びた日本兵の体験記、ソ連側の写真文集などを駆使して、ロシア極北マガダンの「地獄の収容所」の実態を明らかにする。